奥巴马凭什么赢

★★★★★

A LONG TIME COMING

〔美〕埃文·托马斯(Evan Thomas) ◎著　　中雷　宁娜 ◎译

唯一得到两党特许全程贴身跟踪选战
《新闻周刊》资深记者团队连续七届大曝当选总统秘闻

重庆出版集团　重庆出版社

本书中文简体字版通过**Grand China Publishing House**（中资出版社）授权重庆出版社在中国大陆地区出版并独家发行。未经出版者书面许可，本书的任何部分不得以任何方式抄袭、节录或翻印。

版权所有　侵权必究

版贸核渝字（2008）第124号

图书在版编目（CIP）数据

奥巴马凭什么赢/〔美〕托马斯（Thomas，E.）著；中雷，宁娜译. —重庆：重庆出版社，2009.1

书名原文：A Long Time Coming

ISBN 978-7-229-00112-4

Ⅰ.奥… Ⅱ.①托…②中…③宁… Ⅲ.奥巴马，B.—生平事迹 Ⅳ.K837.127=6

中国版本图书馆CIP数据核字（2008）第206435号

奥巴马凭什么赢
AOBAMA PINGSHENMEYING

〔美〕埃文·托马斯◎著　中雷　宁娜◎译

出 版 人：罗小卫　　　　　策　　划：中资海派·广东宏图华章
执行策划：黄 河　桂 林　　责任编辑：陈建军
版式设计：袁青青　　　　　封面设计：陈文凯　何　敏

重庆出版集团 重庆出版社

重庆长江二路205号　邮政编码：400016　http://www.cqph.com
深圳大公印刷有限公司制版印刷
重庆出版集团图书发行有限公司发行
E-MAIL: fxchu@cqph.com　邮购电话：023-68809452
全国新华书店经销

开本：787×1092mm　1/16　印张：15　字数：168千
2009年1月第1版　2009年3月第2次印刷
定价：28.00元

如有印装质量问题，请向本集团图书发行有限公司调换：023-68706683

2008年1月3日，在艾奥瓦首府得梅因，参议员巴拉克·奥巴马和妻子米歇尔及女儿萨莎（左一）和玛丽亚（右一）在后台一起品读即将发表的胜选演说。看样子，两个小姑娘比她们的父亲还要兴奋。（照片提供：《新闻周刊》查尔斯·翁曼尼）

2008 年 3 月 4 日，在俄亥俄州首府哥伦布预选之夜，希拉里·克林顿及女儿切尔西观看选票统计结果。此刻，摄影师巧妙地捕捉到了母女俩似乎兴奋得忘乎所以的瞬间。（照片提供：《新闻周刊》乔纳森·托尔戈夫尼克）

麦凯恩发起"是行动的时候了"竞选活动，来自肯塔基州沃菲尔德的黛比·布莱文思接受约翰·麦凯恩的邀请前来助选，在台上露出了笑容。（照片提供：美联社玛丽·阿尔塔弗）

在弗吉尼亚州费尔法克斯市政厅会议上，奥巴马和他的竞选团队成员在传球。这位翘着二郎腿的候选人看上去似乎很休闲。(照片提供:《新闻周刊》查尔斯·翁曼尼)

在民主党正式宣布党内总统候选人提名前，奥巴马与乔恩·法夫罗、戴维·阿克塞尔罗德和罗伯特·吉布斯一起准备演讲稿。此刻，奥巴马又自信且悠闲地翘起了他的二郎腿。(照片提供:《新闻周刊》查尔斯·翁曼尼)

奥巴马在为期六天贯穿宾夕法尼亚全州的"变革之路"竞选大巴上。他神情凝重，略显疲惫。(照片提供：《新闻周刊》查尔斯·翁曼尼)

在得克萨斯州布朗斯维尔市，奥巴马与拉美裔福音牧师参加祈祷会之后，向信徒们致以问候。这个奥巴马式的招牌笑容使在场的民众倍感亲切。（照片提供：《新闻周刊》查尔斯·翁曼尼）

奥巴马在民主党支持者营地里，观看希拉里·克林顿在民主党全国代表大会上为他发表助选演说。看着这位昔日的竞争对手，此刻的奥巴马会是何种心情呢？（照片提供：《新闻周刊》查尔斯·翁曼尼）

民主党全国代表大会进入第四天，玛丽亚·奥巴马和萨莎·奥巴马坐在贮藏室里观看大会实况。两位小姑娘的笑容灿烂可爱，眼神中流露出即将成为这个自由国家的公主的憧憬。（照片提供：《新闻周刊》查尔斯·翁曼尼）

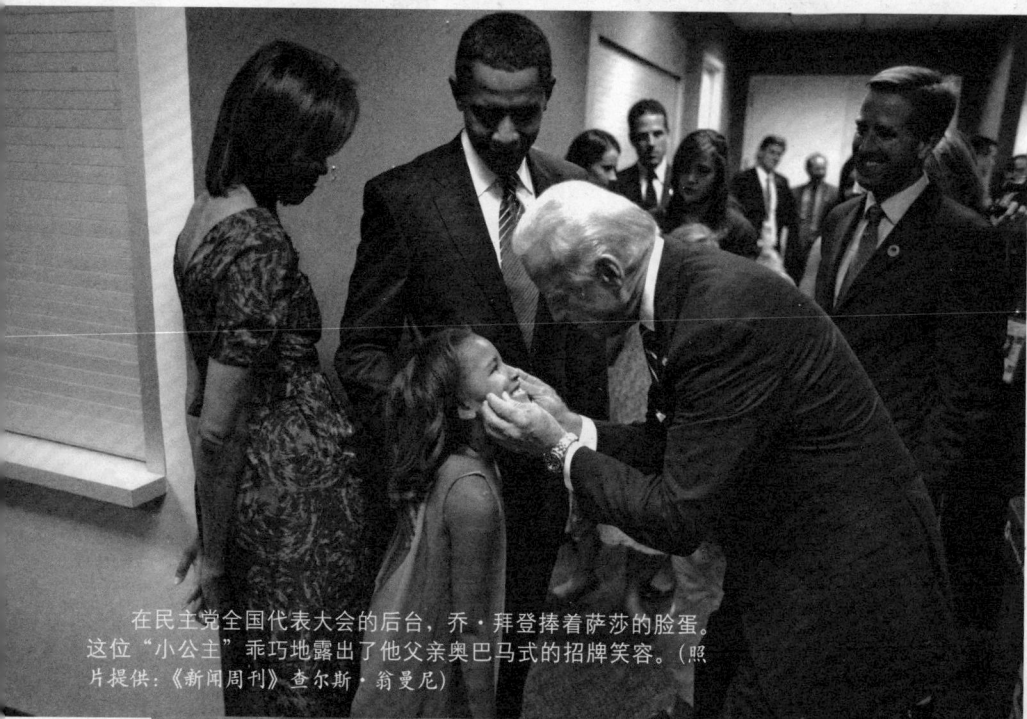

在民主党全国代表大会的后台，乔·拜登捧着萨莎的脸蛋。这位"小公主"乖巧地露出了他父亲奥巴马式的招牌笑容。（照片提供：《新闻周刊》查尔斯·翁曼尼）

奥巴马与拜登以及高级顾问戴维·阿克塞尔罗德在竞选专机起飞前。奥巴马刚讲的一个笑话让他的朋友们倍感轻松。（照片提供：《新闻周刊》查尔斯·翁曼尼）

奥巴马一家在艾奥瓦国会大厦附近的竞选集会后台。奥巴马倒是很轻松的样子和大女儿闲聊着。(照片提供:《新闻周刊》查尔斯·翁曼尼)

辛迪·麦凯恩和梅根·麦凯恩在酒店的客房里。酒店将她们的名字印在枕头上，让她们体会到家一样的感觉。（照片提供：奥罗拉图片社希瑟·布兰德）

在俄亥俄州代顿市举行的大会后台，萨拉·佩林一手抱着她的小儿子崔格，一手查看黑莓手机。（照片提供：奥罗拉图片社希瑟·布兰德）

在匹兹堡的酒吧里，辛迪·麦凯恩坐在高级顾问马克·索尔特与约翰·麦凯恩中间。（照片提供：《新闻周刊》奎文·贝）

约翰·麦凯恩与辛迪·麦凯恩在亚利桑那州塞多那市的自家小木屋里烹饪美食。（照片提供：奥罗拉图片社希瑟·布兰德）

在麦凯恩举行的一场竞选集会上，高级顾问史蒂夫·杜普雷（左一）与马克·索尔特（右一）在扮演"洛奇"。（照片提供：《新闻周刊》奎文·贝）

麦凯恩乘坐他的"实话直通车"竞选大巴参加集会。（照片提供：《新闻周刊》奎文·贝）

VOTE FOR CHANGE

2008 年 11 月 3 日，奥巴马在弗吉尼亚州马纳萨斯参加最后一次竞选集会。如潮水般的支持者都来为奥巴马喝彩。（照片提供：《新闻周刊》 查尔斯·翁曼尼）

大选日当晚，麦凯恩携夫人在家乡菲尼克斯极有风度地发表竞选感言，对奥巴马的胜利表示祝贺，同时承认竞选失败。（照片提供：《新闻周刊》奎文·贝）

在芝加哥，奥巴马在胜选演说中说："为了迎接这一刻的到来，我们等待太久太久，但今晚，但今晚……美国变革的时代已经到来。"此刻，奥巴马的笑容掩盖不住他的激动之情。(照片提供：《新闻周刊》查尔斯·翁曼尼)

"A Long Time Coming"

THE INSPIRING, COMBATIVE 2008 CAMPAIGN AND THE HISTORIC ELECTION OF BARACK OBAMA

Evan Thomas

WITH EXCLUSIVE, BEHIND-THE-SCENES REPORTING BY THE STAFF OF *Newsweek*

权威推荐

埃文·托马斯把多年来对美国大选的观察思考浓缩于《奥巴马凭什么赢》这本书，值得每一位对美国政治和国际关系感兴趣者阅读思考。

——林宏宇

国际关系学院教授

知名美国问题研究专家

美国斯坦福大学胡佛研究所高级访问学者

2008 年美国大选的特点可以归结为三"新"：第一是总统候选人新，第二是选民新，第三是竞选方式新。《奥巴马凭什么赢》这本书的特点是材料新、故事新。

——王　帆

外交学院国际关系研究所所长　教授

对于美国人来说，这次大选是几十年来他们最为关注的一次。因为奥巴马当选可能代表美国新时代的开始，因为它象征一种种族团结，象征一种希望，象征着过去保守主义政策、内外政策的否定。奥巴马获胜的关键是适应时代的潮流。

——王缉思

北京大学国际关系学院院长

著名美国问题专家

中央电视台《直击华尔街风暴》特邀评论员

中国人对美国总统大选的关注毫无疑问是特别突出的。第一个原因就是美国今年的大选对未来美国的命运很重要，而美国是当今世界的唯一超级大国，美国的动向对世界其他各国很重要；第二个原因是今年美国大选的故事性很强，一个老人、一个女人、一个黑人之间的竞争特别有新闻价值，对中国新闻界来讲这是一个很好的新闻故事；第三个原因是美国政府和新闻界深知美国的选举是推广美国软实力的最佳产品，所以也特别注意向外界推销这个产品。

——金灿荣

中国人民大学国际关系学院副院长　博导

《奥巴马凭什么赢》这本书是太平洋彼岸迎接美国总统奥巴马就职的第一束烟花，它不仅庄重宣告竞选时代已成过去，奥巴马时代真的到来了！更重要的是，本书为有着奥巴马梦想的中外读者们提供尽快入眠的甜点。

——魏宗雷

中国著名智库 CICIR 研究员

美国问题专家

美国布兰代斯大学学者

(2008 年大选期间赴美考察采访)

美国前任总统发动了战争，犯的不仅一个错字了得；继任者说要改变，一句口号成就一位总统。人们就这样把希望寄托给奥巴马，美国的责任就这样排解推脱，一推六二五了。美国实在是高，奥巴马真的会玩。

——吴　戈

北京《三联生活周刊》记者

新华社《世界军事》杂志评论员

不要指望奥巴马能真的改变美国什么。他可能因为经济衰退的拖累而分身乏术，但不管谁当选都改变不了美国的霸权性质。

——韩东屏

美国华伦威尔逊大学教授

我相信在美国当总统是一个荣誉，而且对很多美国孩子来讲，这是一个美国梦，就是你长大干吗？选总统。奥巴马很大程度上代表一个美国梦，代表一个奥巴马现象，代表一个奥巴马效应。《奥巴马凭什么赢》这本书告诉我们，奥巴马并不是靠个人奋斗才实现美国总统梦想的。

——朱　锋

北京大学国际关系学院教授　博导　项目主任

《中国日报》网站特约评论员

这是一本让人爱不释手的书，《新闻周刊》编辑托马斯与大家分享从竞选前线发回的第一手内幕故事，分析了人格和事件是如何影响选举结果的，也为奥巴马新政府中的主角和议程埋下了伏笔。

——美国《鲍威尔书评》

人们感兴趣的是奥巴马以及他赢得胜利的极其独特的方式。

——《纽约时报》(*The New York Times*)

巴拉克·奥巴马不仅激发了世人对总统选举政治的空前热情，也引来了滚滚商机、收藏热，以及大批出版合同。最引人注目的当数《新闻周刊》组织策划、纽约公共事务出版社出版发行的埃文·托马斯这本《奥巴马凭什么赢》。

——《洛杉矶时报》(*Los Angeles Times*)

奥巴马当选总统靠的是变革的口号，他号称要带领美国走向未来。奥巴马究竟是一个什么样的人？他会成为一个什么样的总统？将把美国带往何处？……他将决定今后世界的走向。本书也许会提供一些线索。

——乔恩·米查姆（Jon Meacham）
美国《新闻周刊》(*Newsweek*) 主编
著名政治评论家
畅销书《罗斯福与丘吉尔》作者

译者序

这一刻我们等得太久

哪一根是压倒希拉里的稻草？

哪一步是麦凯恩出的险招？

而又是哪一战将奥巴马送上了总统宝座？

早就听说美国《新闻周刊》有一个连续 20 多年的传统，即每届总统大选揭晓的第一时间便由大腕记者埃文·托马斯等人推出一本胜选总统的书。如 2004 年的《2004 年大选：布什如何取胜以及会干点什么名堂》。之所以要等到 11 月大选日之后才能推出，是因为就连美国人事先也不能十分有把握地断言谁必能当选。于是，策划者做了两套方案，并对两个候选人都分别做跟踪记录，最后，谁赢了就出版谁的获胜秘笈。

2008 年与往届不同，作者似乎早早地把宝押在奥巴马身上。早在美国大选结果出炉之前，《奥巴马凭什么赢》的序幕就已悄然掀开：各路新闻媒体的大肆宣传、网络上奥巴马支持者人气爆棚的视频短片、数以百万计的各地志愿者挨家挨户敲门进行着地毯式的拉票、以脱口秀女王奥普拉为首的一干好莱坞明星的加油助阵、在柏林演讲受到20万民众的追捧……美国大选似乎占据每天的新闻头条和百姓话题，而奥巴马的名字也毫无疑问地成为这场竞选风暴的绝对中心。

这还只是国外的场景。在国内，虽然没有无孔不入的广告宣传，但媒体对奥巴马的报道也可谓铺天盖地。随便打开电视，任何一档整点或不整点的国际新闻中，你必定会看到奥巴马的身影。有关他竞选的话题也充斥着生活的每个角落，成为街头巷尾男女老少的共同谈资。更有学校将奥巴马的胜选感言整理成中英文对照样式，发给每个学生，人手一份，要求熟读熟记。再走进大大小小的书店，你会发现，首先映入眼帘的必定是关于奥巴马的各类图书：奥巴马的自传、奥巴马的专家评析和身世介绍、还有奥巴马的经典"语录"。但都无一例外地在封面印上了他的大头照。这些书被摆在了书店最醒目的位置，书店的销售人员会告诉你，只要跟奥巴马沾上边，全都是今年的畅销书。

到目前为止，谁也不敢称自己是奥巴马专家，因为奥巴马闯入政界闯入公众视野的时间并不长。我们在半信半疑中关注着奥巴马从国会山的一位新科参议员快速走向白宫宝座。为了翻译本书，我们从各个侧面更多地"接触"奥巴马。这其中有美国著名的网络分析专家比尔·唐瑟尔写的《在线为王》(Click，这是一本通过网民的搜索偏好和点击率来透视奥巴马网上支持率的书籍，即将出版)；有前美国总统肯尼迪的高级顾问泰德·索伦森洋洋洒洒撰写的长达50多万字的回忆录《总统幕僚》(Counselor，作者在书中不仅对奥巴马赞赏有加，而且还为他出谋划策、指点江山，中文版即将面世)；再有便是这本出自美国《新闻周刊》资深记者埃文·托马斯的纪实追踪——《奥巴马凭什么赢》。

本书以纪实报道的形式，真实记录了奥巴马起伏跌宕、波澜壮阔的竞选历程。他面对的是两大最强有力的竞争对手，却能从强手云集中脱颖而出；他的对手越强、挑战越大，也就越能衬托出他的卓越才能。

翻开《奥巴马凭什么赢》，你会发现这里面的内容既围绕着奥巴马，又不只围绕着他。这并不是一本单纯对奥巴马歌功颂德的"赞美诗合辑"，也不是对他的言行进行纯粹记录的综合报道。只要看一眼目录，你便会发现，这里面也不乏对希拉里、麦凯恩和佩林的描写，甚至还占据了相当大的篇幅。他们都是作为奥巴马强而有力的竞选对手出现的，但最后都在竞选中败下阵来。作者并没有就此贬低他们的价值，或做出任何的负面报道，而只是站在客观的角度、中立的立场，坦白地记录了在这场竞选大战中每个人最真实的一面——这些内容之前或者不为人知，或者被歪曲报道，但在埃文的书中，它们都原原本本地摆在了读者面前。

《奥巴马凭什么赢》为我们提供了一个视角，通过对奥巴马及其竞争对手的跟踪报道，我们可以看到每位候选人在竞选过程中的逐步变化，看清整个竞选的来龙去脉：哪一根是压倒希拉里的稻草？哪一步是麦凯恩出的险招？而又是哪一战将奥巴马送往了总统宝座？一波三折，悬念丛生，扑朔迷离，跌宕起伏，使读者在全方位多角度了解2008年美国总统选举的过程中，获得强烈的阅读快感。

奥巴马到底凭什么赢？有人说他赢在政治创新务实、

迎合了当下美国人求新思变的心态；有人说他赢在竞选手法高超，懂得借助网络时代的潮流；有人说他赢在演讲口才超一流，每一篇都可成为经典；还有人说他赢在掌握了时政年轻人的心态，动员了那些未曾参加投票却规模庞大的潜在群体；也有人认为奥巴马赢在他有一支具有坚定信念和超强执行力的竞选团队。作为译者，我们读了这本书，译了这本书，觉得这些说法都有道理，但也都只说出了"奥巴马凭什么赢"的一个侧面。我们相信，您在读完这本书后，会得出自己的结论。当您得出了自己的结论时，您得到的就不只是审美享受，更有智慧和心灵等方面的收获。

2009年1月20日，奥巴马以美国新总统的身份站在国会山前，面对数百万美国民众以及全球各国的观众郑重宣誓，成为第四十四任美国总统。那个时刻，历史的新篇章就从此揭开，号称求新求变的奥巴马时代就真的到来了。

就像奥巴马竞选总统要组成精兵强将的团队一样，翻译关于奥巴马的这本书也需要团队精神。本书由著名美国问题专家、高级翻译魏宗雷领衔主译，张宁、刘娜携手翻译。为了抢在第一时间把最好的作品奉献给中文读者，我们不知熬了多少个夜晚。特别感谢我们那位足智多谋的"幕僚长"聂乐乐，如果没有她竭尽全力的帮助和鼓励，也许我们不会坚持到最后。还要特别感谢我们那些能力卓越的战友和伙伴，她们是邵蓓蓓、方慧倩、蔡月、仇进、田野、张悦、刘丽、孙远波，感谢她们为这本书提出的宝贵意见和建议。

奥巴马在大选日那个晚上发表胜选演说时，曾感叹"这一刻我们等得太久太久"。《奥巴马凭什么赢》这本书的英文原书名"*A Long Time Coming*"既包含现在的一切来之不易，让人"等得太久"，也包含来日方长、长路漫漫的意思。这也是奥利弗·詹姆斯（Oliver James）为《水瓶座女孩》（*What a Girl Wants*）唱的主题曲。

是的，在许多时候人们都"等得太久"——政治家的胜利、有缘人的爱情、能打动人心灵的文字作品，都常常让人等得太久。

这种等待来之不易，但值得期待。

中雷　宁娜
2008 年 12 月 20 日

C 目 录
Contents

第 1 章　感悟成功 / 25

2008 年美国大选创下了多个第一，开启了奥巴马时代，一个我们一起亲历、目睹和承受的时代终将被后世所记起。

第 2 章　起死回生 / 53

当春末夏初，麦凯恩的竞选开始摇摇欲坠时，媒体已经停止了对他的关注。但他们现在又蜂拥而至。索尔特意识到，他们是来报道麦凯恩的政治讣闻的。

第 3 章　持久围攻 / 73

希拉里和奥巴马之间的对抗进入了白热化状态，一直持续到预选当天才见分晓。

前　言

奥巴马时代

乔恩·米查姆
著名政治评论家
美国《新闻周刊》主编
畅销书《罗斯福与丘吉尔》作者

他本来是个十足的外来户。巴拉克·奥巴马 25 年前才有生以来第一次看到白宫，即 1984 年。那时，他还只是纽约城市学院黑人社区的一名志愿组织者。当时，里根政府正打算削减学生的补助金，而刚从哥伦比亚大学毕业的奥巴马，便邀集学生会干部将共同签名反对削减补助金的请愿书递交到了国会山的纽约代表团手中。这群学生大多是黑人，他们有的来自波多黎各，有的来自东欧，家里几代人好不容易出了一个大学生。后来奥巴马在《无畏的希望》（*The Audacity of Hope*）一书中写道：这群请愿的学生穿过宾夕法尼亚大道，来到华盛顿纪念碑，然后前往白宫，在那里他们伫立于栅栏外，瞪大好奇的双眼朝里望。

这次活动算不上是真正的请愿活动，冥冥之中似乎注定奥巴马会再次来到白宫。果不其然，2009 年 1 月 20 日，奥巴马真的就要宣誓就任第四十四届美国总统了，他将继承共和党人尼克松（Nixon）、里根（Reagan）和乔治·W. 布什（George W. Bush）的衣钵，继续他们多年前在这里开启的事业。就如同奥巴马本人一样，这个故事复杂得超乎想象。民主党在 2008 年大选中的胜利，不是左派戏剧性的反攻倒算那么简单。许多虔诚的信徒声称：这象征着一个进步的新纪元已经打开，一个反叛自由主义（其实是在众多方面反思）的时代正向我们走来。最刺激的东西一定包含最强烈的希望。同时，通过福克斯新闻（Fox News）我们看到，顽固的保守派似乎看法一致，他们都认为奥巴马时代意味着美国历史灰暗时刻的到来——国内大洗牌，国外大削弱。

但是，如果奥巴马的执政风格一如他的竞选一样走中间路线的话，那么自由派和保守派都会大失所望。左派可能会觉得上当受骗，而右派出于本能会持续不断地猛攻新政府，他们很可能会发现奥巴马与里根截然相反，甚至让人难以捉摸、令人沮丧。

这一历史时刻意义之大无与伦比，任何历史与之比较似乎都有生拉硬扯、过时守旧之嫌。在一个宪法明确容许蓄奴制的国度里，许多人有生之年还经历了黑人投票权等基本民权被剥夺的岁月，而今，竟然选出一位非裔美国总统。即使要对选举进行夸大描述也是再容易不过的事，但 2008 年 11 月 4 日，即美国大选投票日的这一时刻，人们要求变革的力量恐怕用任何言语来形容都将显得苍白无力。

"如果还有人怀疑美国是一个梦想皆可成真的地方，如果还有人猜想先辈的理想能否依然长存于我们这个时代，如果还有人质疑民主的强大威力，那么，此时此刻，就是对他们最好的回答。"

这是奥巴马胜选当晚，对挤满芝加哥格兰特公园（Grant Park）的拥护者们发表的胜选感言。他间接地提到了这次胜出的历史性意义——"这次选举开创了许多先例，也终将被后世所传颂。"除此之外，他真的无需多言，因为他所讲的足以证明一切。

从某种意义上说，奥巴马竞选之所以成功，是因为他雄辩地证明：他的资质超越了种族（或许可以这样说吧）。有不少人相信，他独特的肤色、奇怪的名字和不寻常的背景会让他在大选中败下阵来。但结果是他赢得干脆漂亮，也成为民主党候选人中罕见的壮举。这是否意味着美国现在不存在种族歧视了呢？不，但我们较一年前已经进步了不少。奥巴马的胜利，无论其政治派别如何，都意味着拯救一个国家于危难中的时刻到来了。谁都不会忘记，美国的种族问题被直接且完全地称为"美国的困境"。

参议员约翰·麦凯恩是一位德高望重的人，也是一位爱国者，他的一生都在为国尽忠、为民效劳。不过，在 2008 年这一历史时刻，他却站错了队。与希拉里·克林顿一样，他也是位令人敬佩的国家公仆，然而，他最大的不幸就是在这条势不可挡的政治道路上扮演了"拦路虎"的角色。这个时代最大的迷思就是，如果他在 2000 年南卡罗来纳州的初选中击败了布什而成为共和党总统候选人，那么 9 年后的今天世界将变成什么模样？外部力量所创造的这种大环境——主要是秋季爆发的金融海啸以及总统布什持续低迷的支持率，都预示着共和党的胜利之路异常艰难。再加上对手奥巴马无可争辩的政治才能，共和党的胜算就更加渺茫了。

如同 1932 年的富兰克林·D. 罗斯福（Franklin D. Roosevelt）

和1980年的里根一样，奥巴马在2008年赢得大选，将标志着一个划时代的巨变。也许现在下结论有些为时过早，但不妨试想一下——奥巴马上任前后，美国的政治会有何变化？当然，众多奥巴马迷早已勾勒出了这一前景。出口民调（指选民投票后，一些机构会在出口处访问他们把票投给了谁，从而做出一个预测。——译者注）显示，选民中每10个人就有一个是首次参与投票的，而且几乎都是少数民族和年轻人，其中，18岁～24岁的年轻人占了全体选民人数的17%，与2004年的比例大致相同。所不同的是，当年有40%～54%的人投票给了约翰·克里（John Kerry），而今年有30%～68%的人投票给了奥巴马，相差高达24个百分点，这是目前为止任何年龄组中差幅最大的一个。

目前，我们所面临的战争与我们的父辈那个年代完全不同。奥巴马曾向他熟识的一位"资深政界人士"请教过一个问题，即与战后相比，为什么华盛顿在21世纪的头十年里感觉更艰苦更难熬呢？"时代不同罢了！"那人回答道，"在过去，几乎每一个在华盛顿有些权力的人都参加过第二次世界大战。也许我们在某些问题上激烈交锋过，甚至我们中的许多人还有着不同的家庭背景、不同的交际圈子、不同的政治哲学，但是通过战争，我们都找到了彼此的共同之处。这个共同的战争经历使得大家都彼此信任、互相尊重，从而使得大家可以克服隔阂、通力合作。"这个版本的历史观经反复修改而面目全非：乔·麦卡锡（Joe McCarthy）就是这样一名退伍老兵。

时过境迁，但道理始终没变——共同的经历创造共同的价值观。甚至近年来震撼人心的事件，比如"9·11"恐怖袭击、伊拉克战争、经济危机，都无法像二战那样为奥巴马提供一个缓和两党对立、建立协作同盟的环境。选民们分享的是坚定的信念，而非经验。这些信念中最为有力的是要求对布什政府进行变革的激情，以及对奥巴马不加掩饰的追捧。

就此看来，奥巴马与里根之间的共同点比人们想象的还要多。里根的支持者相信他的观念，或至少他的一个观点，而且对他心悦诚服。如今，在这个民心动荡、经济混乱的特殊时期，他们渴望对现任政府做出改变。这种鲜明对比昭示着未来的 4 年或 8 年与众不同的特点。像里根一样，奥巴马是一个最佳的表演家、神话的缔造者和讲故事的高手；像里根一样，奥巴马的朋友和敌人都清楚地知道，他既是纯粹意识形态的精神旗手，又是具备实干家倾向的典范；像里根总统一样，他是信徒的领袖核心，他们坚信他与自己站在同一阵线，即使他做出妥协退让，也是情有可原。

奥巴马得到了真传。"里根深知美国对秩序的渴望。"他写道，"我们要坚信：我们不受任何盲目力量的支配，只要我们重新找回踏实肯干、爱国敬业、富有责任、乐观自信的传统美德，我们就可以决定自己的前途和集体的命运。"

奥巴马的语言生动又富有历史想象力，尽管他是一个脚踏实地的实干家，但他无疑更是一个梦想家。作为一名参议员，他看到的不是事物的现状，而是它背后所蕴含的历史深意。

"有时，站在参议院议事厅中，我可以想象保罗·道格拉斯（Paul Douglas）或者休伯特·汉弗莱（Hubert Humphrey）坐在其中的一张桌子前，再一次敦促议会采纳和通过民权法案；或者是在几张桌子开外，乔·麦卡锡正在翻阅着长长的名单，随时准备为其中的一些名字作政治定性；或者是林登·约翰逊（LBJ），徘徊在过道上，通过游说来拉选票。有时，我也会徘徊在丹尼尔·韦伯斯特（Daniel Webster）曾经用过的桌子边，想象着他勇敢地站出来，在挤得水泄不通的议会旁听席和同僚们面前，强烈反对分裂势力，奋力维护联邦的完整，他的眼中闪烁着熊熊的火光。"

成为参议员，来到华盛顿，奥巴马在参观了白宫后写道：

"白宫不像你从电视和电影中看到的那样光彩夺目。它看上去管理得不错，但是显得有一些陈旧，有如人们想象中的一幢苍老的房子，在寒冷的冬夜中，风凉萧瑟。我伫立在前厅，目光循着走廊闲游，过去在这里发生的历史仍旧无法释怀——约翰·F. 肯尼迪和罗伯特·肯尼迪（Robert Kennedy）埋头苦干，以应对古巴导弹危机；富兰克林·罗斯福字斟句酌，在电台演讲前对稿件做最后一分钟的修改；林肯（Lincoln）肩负重担，独自一人在大厅里踱步。"

这无疑说明了奥巴马的历史想象力截止于上世纪60年代——一个与随后的十几年完全不同的年代，而他的竞选又要开展于战后的婴儿潮一代。就这一点来看，他似乎是在自相矛盾。在总统竞选中，他给人以温和的中间派印象，是一个可靠的自由主义者，且没有令人"津津乐道"的投票记录。问鼎白宫后，奥巴马会以何种形象示人呢？是新晋的新派民主党。还是之前来自芝加哥的社区组织者——一个可靠的自由主义者？但是可以肯定的是，如果他要扮演雄辩有力的沃尔特·蒙代尔（Walter Mondale，美国政治家，据称是卡特当政时期最有实权的副总统。——译者注），或是精于谋略的迈克尔·杜卡基斯（Michael Dukakis，1988年参加总统竞选，最后败给老布什。——译者注），那他绝不会赢得这场胜利。他扮演的是一个更加务实的中间偏左的政治家，而非大社会的自由主义者，但他继承了比尔·克林顿的传统，坚信能够用中间派那偶尔保守的文化思想追求进步的目标。从某种程度上来说，麦凯恩和佩林试图用"社会主义者"的称号来攻击奥巴马，这非但没有挫伤他的气势，反而加重了选民对他们的信任。

如果奥巴马未能在他所许诺的情人节前呈现出一个进步的"瓦尔哈拉殿堂"（北欧神话主神兼死亡之神奥丁接待英灵的殿堂。——译者注），那些为他欢呼雀跃的自由主义者的理想恐怕就要破灭了。但里根的例子为奥巴马的竞选提供了一个不同的、更加接近的可能。由于奥巴马在民众中享有盛誉，这或许能使他成为一个罕见的政客——他可以侥幸做成一笔生意而不被视作出卖民意。里根的增税计划并没有成为攻击的目标，甚至都没有引起人们过多的注意。奥巴马很有可能成为新世纪的"特富龙"人（Teflon，美国杜邦公司对其研发的所有碳氢树脂的总称，由于其独特优异的耐热、耐低温、自润滑性及化学稳定性能等，而被称为"拒腐蚀、永不粘的特富龙"。——译者注）。

有一点是毋庸置疑的：奥巴马深知华盛顿的游戏规则，尽管他不屑一顾，但他对此了若指掌。事实上，他令每一个选举中的预言都充满悬疑，而且对政治、心理和历史都有所研究。他深知，耐心已成为美国人身上少有的美德，而迷失方向又是如此地轻而易举。他写道：

　　"曾经有一些民主党人士在集会上冲到我面前叫喊说：
'我们正处在政治上最困难的时期，因为有一只渐渐壮大
的法西斯主义之手正在扼住我们的喉咙。'这时，我会提
起罗斯福政府对日裔美国人的拘押，约翰·亚当斯（John
Adams）执政时期颁布的《客籍法和镇压叛乱法》（*Alien
and Sedition Acts*），或者盛行长达百年、历经数十任政府
的私刑，然后告诫大家要保持冷静。"

　　在面对格兰特公园的民众时，奥巴马承认未来任务的艰巨性：
"两大战争、一个处于危险中的星球、本世纪最严重的经济危机"。
他没有鼓吹未来的希望，而是用他那种特有的严肃沉着的口吻，
试图对美国的政治采用一种十分新颖的方法：他（基本上）对我
们如实以告——在前方等待我们的将会是什么。"前方的道路会很
漫长，我们攀登的脚步会很艰辛。我们可能无法在一年甚至一个
任期内实现这些目标，但我从未像今晚这样满怀希望，因为我们
的目标终将实现。"紧接着他又回到现实中来，"我们会遭遇挫折，
并且起步艰难。"同时，他又做出承诺——"我将会始终向你们坦
陈我们所面临的挑战。"

　　为了安邦治国，奥巴马需要具备在他之前的所有领袖的精
神——罗斯福、肯尼迪、林肯，同时，他也需要通情达理的民众。
两年前，在他竞选总统的前夕，奥巴马曾对美国人民说道："我猜
想他们正在盼望着一个足够成熟的政治，这个政治能够在理想与
现实之间取得平衡，能分清什么可以妥协、什么不可以妥协，同时，
也得承认自己的政治对手也可能有对的时候。"

现在他终于得到了将这一政治理想变成现实的机会。在大选前夕，奥巴马从俄亥俄州的阿克伦城（Akron）返回芝加哥的家，途中他走进竞选专机的随行记者团，向各位记者致以感谢——尤其是那些从始至终一路同行的记者们。奥巴马边向专机前方点头致意边说："大家要是看到故事是如何结尾的话，一定会非常开心。"

　　是的，当选的总统先生，的确如此。

2008 年 4 月 18 日，参议员奥巴马与他的资深幕僚——戴维·阿克塞尔罗德（左）和罗伯特·吉布斯（右）交谈。这是向宾夕法尼亚州伊利市政厅会议的支持者们发表演说前的一幕。四天后，参议员希拉里·克林顿赢得了宾夕法尼亚州的预选。（照片提供：《新闻周刊》查尔斯·翁曼尼）

第 **1** 章

A Long Time Coming

感悟成功

How He Did It

　　2008 年美国大选创下了多个第一，开启了奥巴马时代，一个我们一起亲历、目睹和承受的时代终将被后世所记起。

巴拉克·奥巴马深知自己有一种天赋，他能够让那些才思
敏捷、才华横溢的人感到帮助他是明智之举。就在 20 世纪 80 年
代中期，当哈佛法学院卷入到"政治正确性"（political correctness,
为了避免对某一性别、种族或特定人群的歧视或冒犯而在言语和行
为上表现出的谨慎、禁忌或对传统言语行为方式的改变。它最初兴
起于美国各高校校园，即所谓的"校园战争"。——译者注）之争
中的时候，奥巴马的这种天赋便已经显露出来了。他赢得了哈佛
大学真正的荣誉：当选为《哈佛法律评论》（*Harvard Law Review*）
的主编。这可是首位获此殊荣的非洲裔美国人。尽管奥巴马一如
既往地走了自由主义的政治路线，但仍有保守主义者支持他。

美国人需要一个救世主

奥巴马是位好听众，专注并且用心，他能用他那过人的智慧
从条理混乱的长篇大论中归纳出逻辑缜密的统一观点，但他的魅
力还远不止于此。他是一位黑人，一位置身种族政治纷争之外并
跳出狭隘既定利益集团的黑人。他似乎对身份政治和种族怨恨总

是淡漠的；同时，对于人们的追捧抑或打击，他也表现得很淡然。奥巴马内心也雄心勃勃，却能用一种超越雄心的方式来表达。在对名利、地位与成就的贪婪追逐中，在哈佛这种地方竞争非常惨烈。但是，奥巴马能够让成功的精英管理者停下来并且时刻记得先人后己——这似乎是个神话，但听起来仍然令人怦然心动。

格雷戈里·克雷格（Gregory Graig）是华盛顿特区的一名律师，也是众多重新燃起梦想的美国人之一。但他绝非等闲之辈，他的大半生都在尽心竭力地服务和工作，并且常和权势人物打交道。他曾在 80 年代担任过参议员爱德华·肯尼迪（Edward Kennedy）的助手；曾当过克林顿政府的国务院政策规划司司长；曾作为受雇律师，代表克林顿出席了 1999 年参议院的弹劾案听证会。他身处高层，并与他们私交甚笃；他熟知权势的弱点，看透了人性的种种虚弱。但是，像许多美国人一样，他也厌倦了党派间喋喋不休的纷争，渴望有人能为美国的政治带来新气象。出生于美国生育高峰期的克雷格，现在是位 63 岁的老人，他很是怀念那段往昔的岁月——60 年代就读于哈佛，后来又在耶鲁法学院学习，并且在那里，他结识了比尔·克林顿和希拉里。2003 年秋末，他被邀请去听一名来自伊利诺伊州的年轻参议员竞选国会参议员的演讲，克雷格立即被那个年轻的参议员奥巴马吸引住了。克雷格回忆说，“他讲了 20 ～ 30 分钟，我发现他是一个风趣幽默、聪明睿智、知识渊博的州参议员。”很显然，克雷格被当晚的主角打动了。华盛顿资深的政界人士弗农·乔丹（Vernon Jordan）取笑他说，“克雷格坠入爱河了。”

事实的确如此。克雷格阅读了奥巴马的书《无畏的希望》，后来在飞往华盛顿的航班上他偶遇了奥巴马，并对他说：“我深受感动。"他又读了奥巴马早期的自传《父亲的梦想》(*Dreams of My Father*)，后来他回忆说："我被征服了。""依我所见，他所展示出的洞察力和成熟度，比 60 岁的比尔·克林顿更深刻、更成熟。"克雷格又如是说。2005 年 11 月，在奥巴马的另一次演讲上，克雷格坐在罗伯特·肯尼迪家族的一个老朋友乔治·史蒂文斯(George Stevens)身边，史蒂文斯靠向他说："你认为这个家伙当总统怎么样？自从罗伯特·肯尼迪之后我还没见过像这样的人呢。"克雷格立即说道："英雄所见略同。"演讲结束后，史蒂文斯和克雷格走近奥巴马问："2008 年你打算做点什么？"奥巴马咧嘴一笑说："哦，先生，情况不容乐观。"但是不久之后，史蒂文斯和克雷格开始为奥巴马的政治行动委员会募集资金，奥巴马也为能获得两位肯尼迪家族老成员的援助而感到高兴。之后，奥巴马每次见到他俩都会风趣地说："嗨，酷毙助理(the Kool-Aid Boys)来了。"

2006 年 12 月，奥巴马告诉克雷格和史蒂文斯说："暂时别工作了，我得和米歇尔(Michelle，奥巴马的妻子。——译者注)谈谈。"后来，奥巴马带着他的妻子和两个女儿去夏威夷度假。"我想，我们完了，"克雷格回忆说，"他不想继续下去了。"克雷格感到悲观不无道理。奥巴马是可以按照他律师的严谨计划去获取成功的，因为，此时国家正处于一个"转折关头"，而他正是带来转机的最大希望。在 2008 年春季《新闻周刊》的一次采访中，奥巴马一反常态，竟然结结巴巴地说："我，我，我十分看好自己的口才。"但是米歇尔不希望自己的家庭卷入这个危险、敌对的事件当中，虽然这或许会振奋人心或创造历史，但也很可能会给她的家庭带来潜在的威胁。特勤局的特工给她的孩子起了两个可爱的名字——"深粉袭人(Radiance)"和"蔷薇花蕾(Rosebud)"，这正如她们看起来的那样，但是，她们的生活也将从此改变。

奥巴马也曾遭受过警告。那是 2006 年 11 月，在华盛顿的一家精美的意大利饭店里，前参议院多数党领袖汤姆·达施勒（Tom Daschle）向奥巴马提了个醒。"我告诉他，应该考虑一下当他的妻子受到攻击时应该如何反应——这可是需要情绪管理的。"达施勒回忆说。几乎与此同时，奥巴马也与他的竞选伙伴伊利诺亚州参议员理查德·德宾（Richard Durbin）谈到了可能遭受的人身伤害。感恩节前，在芝加哥党团联盟俱乐部举行的政治活动中，奥巴马告诉德宾说，他的许多非洲裔美国朋友都劝他不要参加竞选，因为他们担心他可能被谋杀。德宾同他们一样担心，于是他开始游说议员将奥巴马置于特工保护之下。5 月，也就是初选之前的 8 个月，奥巴马已经开始受到特工的保护。过去可从未有任何一位总统参选人能这么早就受到严密保护的。

"米歇尔很担心丈夫的安全，同时也被一种举棋不定的不安所困扰。" 德宾回忆说。即使在她同意奥巴马参加竞选后，她仍然要问德宾："他们不会把他顶出去吧？"当然，这里的"他们"指的是所有力劝奥巴马竞选的人——米歇尔怀疑他们的动机。

奥巴马理解妻子的担忧，甚至在某种程度上他也一样有所顾虑，但是，他有一种将负面情绪转化为信念的能力。"她最初的直觉是不同意，"奥巴马回忆道，"她知道对我来说远离女儿是多么的困难，她也知道当我不在身边时她会多么的孤独，所以她的第一反应是不让我参选。同时，我想她也感觉到希拉里确实十分难对付，我也会因此而招致许多攻击的。" 2006 年圣诞，米歇尔和奥巴马去夏威夷看望他的祖母，两人沿着海滩走了很久。"我们谈了很多，对我来说这不是一件容易的事。"奥巴马说，"我想她之所以同意，部分原因在于她知道自己有否决权——她和女儿们的重要性远远大于我竞选的野心，如果她说不行我就放弃。"后来，米歇尔要求他作出一个承诺：如果参选，奥巴马就要戒烟。

从某方面来讲，让一名只当过两届州立法委员、仅仅在美国参议院工作了两年的人去竞选总统，着实有点荒谬。但是，奥巴马，一个有着独特经历、行事谨慎的后起之秀，能洞察风云变幻、斗转星移。这个国家正饱受伊拉克战争之苦，在众多候选人中，他是唯一一个从开始就"顽固抵制"战争的人。奥巴马明白这点，保守主义浪潮正在消退，选民不断从共和党阵营中抽身而出。人们对模式化的政客们感到厌倦，期待着有一个全新的、真正与众不同人出现。另一个有着超常时局预感的政治家比尔·克林顿，十分清楚奥巴马碰到了一生中可能只出现一次的黄金机遇。这位美国前总统相信，主流媒体对自己的前朝性丑闻不时大量曝光，将为奥巴马漫长的竞选旅程保驾护航。"如果有人把一辆劳斯莱斯停在我面前，并对我说：伙计，上车。那么，"克林顿可能会带着羡慕或一点点嫉妒地说："谁都会想搭便车。"

奥巴马应该为自己的明星魅力感到骄傲。就在 2004 年民主党大会的前夜（那次演讲让他成为民主党未来的希望之星），他和朋友马蒂·内斯比特（Marty Nesbitt）在波士顿的大街上散步，期间不停的有人过来和他说话。"伙计，你看起来像个摇滚明星。"内斯比特对奥巴马说。在后来的一个采访中内斯比特回忆说，"他看着我说：'马蒂，今天还不怎么样，你等到明天再看看。'我问'什么意思？'他说，'我的演讲绝对精彩。'"

奥巴马在 2004 年的演讲使他很快被推到了陌生的名流圈里，他已经习惯了人们把一位长着大耳朵的瘦弱的学者型男人当成一个性感偶像的特殊氛围。尤利卡·吉尔基（Eureka Gilkey）——奥巴马的一名助手，回忆起了奥巴马参加竞选不久后她跟随奥巴马在民主党全国委员会做讲演时的情景。当时，奥巴马被人群围在了盥洗室的外面。"他们是民主党成员，他们似乎对政客们厌倦不已。"吉尔基回忆说，"他的衬衣差一点就被撕开了。我记得那晚回家后，我男朋友还就我背上的紫色伤痕责问过我。我告诉他，我是被那些拼命向前推挤、试图靠近奥巴马的人擦伤了后背的……我奋力抓住那些妇女的手，因为她们要把他的衬衣从裤子里拉出来，真是难以置信。"

奥巴马越来越习惯于受到恭维。乔治·克雷格不是唯一器重奥巴马的肯尼迪旧部，2006 年初，在科雷塔·斯科特·金（Coretta Scott King）的葬礼上，艾瑟·肯尼迪（Ethel Kennedy），也就是罗伯特·肯尼迪的遗孀，转向他低声说道："火炬传递到你手中了。""我感觉脊背发冷，"奥巴马告诉他的一名副手说，"葬礼相当吓人。"

奥巴马知道他已经成为一个巨大的屏幕，上面投射着美国人的希望与恐惧、梦想与挫折。也许这样的人从未真正存在过，也不可能存在，但即便如此，人们还是需要一个救世主。正如他在畅销回忆录中缔造的传奇人物一样：一位名叫奥巴马的男人通过努力追求，克服种种困难，在公共服务事业上找到了归属感和使命感。奥巴马回忆起他经常与他的团队开的玩笑——"这个奥巴马听起来像是个大人物，我不确定自己是不是那个奥巴马，对么？"他又直截了当地补充，"这并非全是玩笑话。"

2007 年第一季度，当他获得 2 480 万美元的资金时，引起了政界的注意，因为这么一大笔数字，比其他任何一个民主党人士筹集得都要多，并且在早期的宣传集会上还吸引了一大批民众。

但是在 2007 年春季到夏季的民主党无休止的辩论中，他表现得小心翼翼、不善言辞，甚至还有点心不在焉的样子——让人看起来总觉得他缺乏一种角逐总统职位所具备的近乎病态的执著。竞选战略专家戴维·阿克塞尔罗德（David Axelrod）告诉过奥巴马，他的这种表现对总统竞选来说太过于平凡了，奥巴马也开始怀疑自己。他错过了看电影、读书和陪孩子们玩耍的机会，他担心与这些要紧的事情渐行渐远失去关联。在接受《新闻周刊》采访时他说："我不想说我是个不情愿的候选人，显然这是我自己的选择，但是在我内心深处还是很紧张。"在一场辩论中他显得心烦意乱，以致他的对手——前参议员约翰·爱德华兹（John Edwards），在休息时走到跟前责备他说："巴拉克，你该集中精力了。"

对于有线电视新闻上偶尔表现出的愚蠢的陈规陋习和国家政治选举那高人一等的架式，奥巴马不屑一顾。正如他像《新闻周刊》表达的那样，他对自己感受到的压力非常愤怒，他说你们"想要把人炸飞"才能表达对恐怖主义的强硬吗？当他宣布竞选后，有次在参议院楼里，希拉里·克林顿竟然拒绝和他握手，这让他感到无比震惊。当一个低层职员在新闻采访中提到有些印度裔美国人正打算给予克林顿夫妇财政上的支持，并称希拉里为"旁遮普邦（Punjab）参议员"（旁遮普为印度一个省。——译者注）时，奥巴马变得心神不宁。"我不想你们这帮家伙为所欲为、胡说八道，或者做什么事都瞒着我。"他告诫幕僚们，"我就打开天窗说亮话吧——这里没有动摇，更没有屈服。"他对那些闻所未闻的拙劣下流的伎俩感到愤怒不已，"我看着你们每一个人，如果你们觉得事关重大，那你们应该做的是向我询问而不是对我隐瞒。"

作为政治家，奥巴马与众不同之处在于他有自知之明。2007

年 5 月末，在几次早期与对手的辩论中他出了错，他对自己的"反复无常"感到迷茫。"一部分是心理上的。"他告诉助手，"当我以一种方式做事的时候，我还得费力思考其他的对手会不会也这么做。我的性格里有一些自相矛盾之处——喜欢孤芳自赏，那是我成为一名不错的作家的部分原因，可这点在总统竞选中却派不上用场。"

这些坦率的言论在华盛顿一个法律机构举行的辩论前期会议上被录了下来。这段被一位当事人提供给《新闻周刊》的谈话录音，奥巴马与顾问间你来我往得相当直率，也记录了这名候选人与他的对手站在同一舞台时的真实想法。

在录音里，先是奥巴马又得意又迷茫地评判自己这种矛盾性格的利弊，之后又出现了杂乱的调侃声和笑声，然后阿克塞尔罗德突然说，"你可以保存这些以便写下一部自传。"奥巴马继续说：

> "你不得不时刻表现得兴高采烈并且努力表演，像……（录音不清晰，奥巴马似乎是在开他对手的玩笑）我确信部分原因与紧张和焦虑有关，还因为以前从没尝试过。依我之见，这不是一个适合我的模式，这只会使我更加谨慎。当我要做某些事时，却常会想'这不是我擅长的。'同时，我还发现自己经常被各种对自身的疑问和看法所困。'你看，这是多么愚蠢的一个问题，但还是让我……回答它吧。'不合时机地……（录音混乱了）所以当布赖恩·威廉斯（Brian Williams）问我私下做了什么时（不够老练），我说，'哦，我种了一排树。'然后他说，'我指的是私人的。'以我的理解是，'噢，事实上，布赖恩，我家里更换了电灯泡，对解

　　决全球变暖问题毫无益处，这需要大家共同来完成。'"

　　奥巴马对他的助手们坦诚相待，他们也为他的评价感到高兴，但是他不是一个快乐斗士（取自英国浪漫主义诗人威廉·华兹华斯的诗《快乐侠客的品性》。——译者注），他的超脱使他的职员们感到有点泄气。位于芝加哥北密歇根大街233号的竞选总部是一座高科技建筑，里面满是平面荧屏，手机多过座机，而且里面的人一丝不苟还带点书呆子气。在盥洗室的门上贴着手写的告示：此处回收宾馆的洗发精和肥皂并捐赠给收容所。一位前克林顿政府职员已经习惯了克林顿作战室内的嘈杂 [据说，作战室内的詹姆斯·卡维尔（James Carville）舍不得脱掉他的那件幸运衬衣]，他发现这里士气有些低下。2007年9月份新来的职员贝齐·迈尔斯（Betsy Myers）——前克林顿政府新闻秘书迪迪·迈尔斯（Dee Dee Myers）的妹妹——也很希望晚上在城里的奥巴马能够亲自来这里鼓舞士气。"但是他没有来，"秋季末她回忆道，"他反而去了健身房。"她停下来，沉思了一会儿说，"几个月他都不在总部，这里很多都是年轻人，都是发自内心尊重他的，如果他能够顺便走访一下对他们来说意义非凡。"她又停了一会儿说，"以前从来没有人会希望比尔·克林顿到这里走访，尽管他离这里只有两条街区之遥，你会不由自主地希望他离开这里。

　　据奥巴马回忆，9月和10月他的支持率很低，在全国民意调查中落后希拉里20到30个百分点。他的职员抱怨说他缺乏"活力"，但是奥巴马并不担心。他相信他的首席战略家阿克塞尔罗德，那个曾做过新闻记者，有着忧郁的外表、冷峻的神态和敏锐的感知能力的家伙，可以左右竞选的变化，也可以让希拉里·克林顿淘汰出局。52岁的阿克塞尔罗德对各州情况、当地及全国的选举了若指掌,作为一个理想主义者,在业余时间他喜欢读老罗伯特·肯尼迪的演讲,但他更是一个精通如何玩转政治的现实主义者,带有典型的芝加哥风格。阿克塞尔罗德的个人生活却饱受痛苦,他父亲自杀身亡,一个孩子又患有严重的癫痫,对于这些,他都比较看得开。他是一个谦和、威严、颇有绅士风度的人,而不是那种恨不得把对手赶尽杀绝的冷血政治幕僚。他之所以喜欢奥巴马,某种程度上是因为他发现这个候选人异常聪明,尤其还是从伊利诺伊州出来的政治家;因为奥巴马对新式政治选举中愚蠢的针锋相对不感兴趣,也不追究;还因为阿克塞尔罗德像奥巴马一样,也是一个内敛独立的人。他不占用总部的华丽舒适的办公室,而宁愿在自己装饰低调的办公室里工作,把大部分时间都花在一间名叫"曼尼"的熟食店里。阿克塞尔罗德虽然没有广受欢迎也未引起议论,但他是一个预言者和好听众。

在具体的运作方面,奥巴马则依靠戴维·普罗菲(David Plouffe),这是个冷静并且有点书呆子气的人(职员们私下里戏言他只有好与坏两种表情)。普罗菲表现出了奥巴马的冷静和自我约束,也像奥巴马一样展示出了竞选的气质,所以,私下里职员们称之为"不搞噱头的奥巴马"。普罗菲的方案清晰明了:在早期的4个州——艾奥瓦州、新罕布什尔州、内华达州和南卡罗来纳州下功夫。希拉里可能在全国的民意调查中领先,但是奥巴马并未因此而气馁,他知道他正在得到大量的资助;更令人高兴的是,这些资助有一部分是通过互联网获得的。这就意味着捐助者通过因特网汇出的捐款绝不会在少数,同时也让捐助者们感到自己没有被置身事外。竞选团队在艾奥瓦州设了37个办公场所,而其他的候选人都没有组织得这么有效。

在 2006 年中期选举结束当天，奥巴马就设计了他的竞选蓝图。在议会上，民主党也采用了共和党的方针，而且奥巴马也意识到，凭借选民的觉醒展开一场非同寻常的选举的时刻已经到来——这不仅对共和党人是这样，对整个美国政治来说也都是如此。在位于芝加哥阿克塞尔罗德的顾问公司里，奥巴马和他的核心成员在一间狭小、昏暗的会议室内碰了头，这些人包括：米歇尔、马蒂·内斯比特、阿克塞尔罗德、普罗菲、负责新闻的罗伯特·吉布斯（Robert Gibbs）、普罗菲的副手——史蒂夫·希尔德布兰德(Steve Hildebrand)、促进会会长雅莉莎·马斯特蒙科(Alyssa Mastromonaco)、汤姆·达施勒的前国防安全事务部长和国会山行政官员——佩特·劳斯（Pete Rouse）。瓦莱丽·贾勒特（Valerie Jarrett）——这位与芝加哥市长理查德·M. 戴利（Richard M. Daley）关系密切的、奥巴马家族的亲密朋友，开玩笑说这里的环境很是一般。那里有甜点、瓶装水和罐装苏打水，"只要是你能想到的各种喝的都有。"贾勒特后来回忆起当时的场景笑着说。

"这位是戴维·阿克塞尔罗德。"奥巴马首先向大家做了介绍。"我只记得奥巴马说如果他参加竞选，他要确保这将是一个与众不同的竞选，这和他依靠民众而非自上而下的政治哲学相一致。"贾勒特回忆道。作为 80 年代社团的组织者，奥巴马深受索尔·阿林斯基（Saul Alinsky）教育的影响，那是一名激进的现实主义者，他曾说过，"任何革命性的变革都要经历从被大多数人漠视到肯定，从顺从到改变。"奥巴马知道自己有办法让民众接受变革却又不感到畏惧，那就是首先接受他的肤色。正如贾勒特回忆的那样，奥巴马坚持按照他的草根模式进行选举，因为作为一个团队的组织者他觉得这种方式行得通，他要采用这种模式并且在全国推广。资深政界人士劳斯，对这次会议的回忆略有不同：草根模式并非一种选择，而是一种必要。希拉里·克林顿背后有当权派在撑腰，那意味着她能及早获得赞助（或许正如大家认为的那样）。她背后不仅有支持者还有一个国家机构。

针对这次会议，劳斯准备了 6 个问题。第三个问题是："你是否被逼迫着成为自由世界的领导人？"奥巴马迅速回答道，"有谁不是呢？"

这样，在芝加哥一个阴暗的屋子里，美国政治史上一个最让人叹服的政治运作诞生了。但是谁也不知道这项运作的潜力到底有多大。奥巴马对自己前期活动的表现感到担忧，特别是他不稳定的辩论技巧。"比我想的糟糕。"奥巴马在看完 2007 年一段记载自己沉闷表现的视频后，对阿克塞尔罗德如是说。但是，他觉得自己在演讲中的表现还是有所提高的，这样，他就可以按照自己的节奏和风格进行了。奥巴马是一个不知疲倦的学习者。"我是最严厉的自我批评家。"他对《新闻周刊》记者说。其实，他也是一个孤独的人，一个需要退居人后才能更清楚地了解自己的人。当然，他并不是个冷酷的人，但是作为一个政治家他具有惊人的自控力，因此也显得与人疏远。他觉得他的下属对他的保护过了头，他们经常从大厅的后面向他发信号，使得他只有回答民众一个或两个问题的时间，而根本没时间回答报社的问题。后来，奥巴马开始不去理会他的通信负责人吉布斯发的那些信号，而是回答 3～4 个民众的提问，尽管他离记者们还是很远（奇怪的是，虽然奥巴马获得了大量友善的公共宣传，甚至使对手都感到不安起来，但他就是得不到记者们的喜爱——许多记者觉得他过于冷漠和谨慎。

倒是编辑们更欢迎他——他们认为他很特别）。

在巡回演讲时，他决定试着放松一些。11月2日，在南卡罗来纳州曼宁市（Manning）对非洲裔美国人演讲时，他开始即兴表演，并使用了一种黑人传道者呼喊与回应般抑扬顿挫的韵律。针对一些黑人存在的这个国家是否已经做好了向一个非洲裔美国人投票的疑问，奥巴马说："我想让你们都清楚这一点——如果我没有赢的自信我就不会来参选！"

听众们突然振奋起来，激动地齐声高呼"阿门！"

"我对其他位置不感兴趣！"人群又欢呼起来，奥巴马咧嘴大笑，他能感受到民众的热情。

"我不想当副总统！我不想当什么部长，还有其他的那些！"奥巴马和民众看起来像老朋友一样——这实在是太有趣了！

但是另一方面，奥巴马过于自我沉迷，触犯了黑人社团讨厌自夸的大忌：不要自夸，不要过于趾高气昂。

"在我参加总统竞选之前我一直做得很好！我已经是美国的一名参议员了！"

人群立刻安静下来，那应该是给他的一个暗示。但是奥巴马又继续说，"每个人都早已知道我！"奥巴马在人群中独自喊道，"我已经卖了许多书！我不需要靠竞选总统上电视或上广播……"

民众依然沉默。

"我参加过奥普拉节目！"这似乎挽回了民众的兴趣，但是奥巴马知道他差不多已经失去他们了。

幸好奥巴马能够及时反省并提高自己。每年11月10日的杰斐逊-杰克逊晚宴（即民主党筹款晚宴。——译者注）是正式竞赛前，也就是1月3日召开的党团会议前最关键、最盛大、最壮观的活动。

奥巴马在艾奥瓦州的组织机构将礼堂装修完毕，并且驱散了其他候选人的支持者。由于候选人不允许使用讲词提示机，奥巴马花了好几个小时去记讲稿，不停地完善自己的演讲风格。演讲非常出色，这让乔治·布什很是吃惊，也让希拉里有些灰心。奥巴马讲述了这样一个故事：

> 在一个令人不快的早上，在南卡罗来纳州的绿林市，当他面对一小群无聊的人们演讲时，人群中的一个黑人妇女感受到了他的精神状态正在逐渐下滑，她强烈地响应到——"点火！准备出发！"

一段平稳流畅的讲述引发了全场热血沸腾的呐喊，在挤满人群的杰斐逊-杰克逊晚宴上，奥巴马煽起了听众激情。

"我有一件事要问你——你心中的那团火点燃了么？你准备好出发么？那么，请点火，准备出发！"《华盛顿邮报》(*Washington Post*)记者、著名政治专栏作家戴维·布罗德(David Broder)，看到这个场面，知道奥巴马已经渐入佳境了。这个演讲也成为奥巴马标准的巡回演说词，在接下来的几周里从没让他失望过。布罗德这样描述奥巴马慷慨激昂的演讲尾声的影响力："然后，当喊声越来越大，几乎听不到他说话的时候，他用这5个词囊括了所有的内容，让那些选民纷纷跑回家中穿上冬衣涌上街头。'让我们去改变世界！'——他说的就是这个意思。"布罗德在12月23日，也就是艾奥瓦州党团会议前的一周半，有报道说："我所看到的每一个听众都被这样的结束语中的纯粹的力量震撼了，有些人泪流满面，有的则像是被惊呆了。"

希拉里无缘重返白宫

对那个觊觎白宫多年、与丈夫长久密谋以图重夺总统之位从而续写克林顿家族统治的希拉里·克林顿来说，她正式宣布提名的动作有些迟缓。"就她竞选总统这件事来说，我们错过了2005年和2006年。"希拉里的一名顾问回忆道。对于一个以坚强不屈而闻名的人来说，希拉里在面对困境时确实毫无畏惧，有些奇怪地超然物外，并不是很愿意去当老板。有时候，她似乎不愿意放弃作为美国参议员的安稳、舒适的生活，而像被媒体和前总统认为的那样去为了克林顿家族的命运而战。2007年1月的一个寒冷的上午，希拉里坐在她那温暖舒适的起居室里（这房子在华盛顿大使馆区附近的怀特黑文大街，她和妈妈住在这里，有时候她丈夫也来），和助手一起，正为参加在艾奥瓦州举行的第一次大型的竞选活动做着最后的政策准备。沉默了一会，她看了看起居室，自言自语说："我太喜爱这个房子了，我为什么要做这些？"

她的政策主管尼拉·坦顿（Neera Tanden）和媒体关系负责人曼迪·格伦沃尔德（Mandy Grunwald），情不自禁地笑了起来。

希拉里继续说，"我在这里很舒服，为什么还要做这些？"

坦顿说道："白宫也不错啊。"

"我已经去过那里了。"希拉里说。

不论是在以前的政治生涯的大部分时间里，还是在即将到来的选举中，希拉里·克林顿都是一个顽强的斗士。她是一个很有才干的立法委员，而且，在参议院她实际上比奥巴马更称职更有影响力。但是，那时她还没有意识到自己并不是一个强有力的管理者，甚至她都不能有效地控制她的职员。这在与奥巴马阵营的第一次冲突中，他们决策上的失误和彼此间的猜忌就暴露无遗。

2007年2月底，《纽约时报》的莫琳·多德（Maureen Dowd）做了一期引人注目的专栏，他采访了好莱坞一流的电影制片人戴维·格芬（David Geffen）。按照过去的惯例，好莱坞通常都会将赞助资金投向希拉里一方，这次格芬却将大量的赞助投给了奥巴马。格芬用了大家都能理解的话语解释其原因——"我想人们都不相信在过去6年中，比尔·克林顿会突然转变，变成另外一个人。"

格芬这番话给希拉里阵营中温和的保守派带来了震动。"其实我们都在祈祷比尔的言行举止不会出乱子"，希拉里的一个职员对《新闻周刊》记者说，并双手合十拜了几下。其他职员还说了些无聊的话，比如超市巨头的私人飞机、花花公子罗恩·伯克尔（Ron Burkle）、比尔·克林顿的资助者以及旅行伙伴——"空军一号"。

没到中午，格芬与多德的谈话就在政界掀起了轩然大波，这是对希拉里竞选团队的第一次真正考验。希拉里的发言人霍华德·沃尔夫森（Howard Wolfson）早上5点看到了这个栏目，6点钟与希拉里通了电话，7点钟就召开了一个紧急电话会议。就在大多数美国人准备去上班的时间，沃尔夫森已经发表了一份声明，要求奥巴马谴责格芬的言论，并退回格芬的捐赠。奥巴马阵营对此的回应并没有含糊其辞(not-so-subtle)，而是表示要卖掉比尔·克林顿管理的林肯卧室。这让希拉里阵营感到高兴——事情就像他们预想的那样，奥巴马阵营已经吞下诱饵并落入了圈套。沃尔夫森发表了一篇新闻稿："奥巴马接受政治烧烤：拒绝人身攻击。"这是个蓄势待发的时刻，希拉里的每名职员都接受记者的电话采访，以图全力推进这个故事。

太令人兴奋了！战斗开始了！第一次流血！虽然在杂乱的谷歌、搜索和聊天短信上失利，网络上却是另一番景象。由于反应过度，希拉里阵营把主要注意力放在对前总统行为的不安上，以及奥巴马作为一个合法的竞争者可以从克林顿阵营中刮走大笔竞选资金的问题上。奥巴马冷静地对待这些攻击，并告诉记者："我不明白为什么我要因其他人的言论而道歉。我感觉是格芬先生与希拉里阵营有分歧，但那和我们的阵营毫无瓜葛。"

不久以后，真相在希拉里阵营内部被揭露了，于是指责便开始了。相对于其他职员来说，马克·佩恩（Mark Penn）——希拉里的首席战略家，一直以来都是他在负责组织发动对奥巴马的攻势，但是，当他看到事情出现逆转的时候，他竟然跟比尔·克林顿说这是沃尔夫森的错误，而与自己无关。佩恩给希拉里·克林顿的建议是，由于沃尔夫森在媒体中扮演了《黑道家族》（*The Sopranos*）中杀手的角色，因此他也就不再适合做总统竞选阵营的发言人了。佩恩对选举阵营首要的宣传负责人格伦沃尔德进行了猛烈抨击，认为自己才是选举阵营真正的形象制作人。"你一定要处理好这事。"希拉里对佩恩说道。佩恩点了点头表示同意，然后阴沉着脸说："我们要让他觉得该为与外界交流负责。同样的，我们也要让曼蒂觉得该为广告宣传负责"（后来佩恩又否认了这个说法）。

这是个错综复杂的故事，也是这个阵营所处现状的真实写照：好莱坞的一个大人物通过媒体揭露了候选人丈夫的老掉牙的通奸故事后，候选人阵营便立马惊慌失措了，他们唯恐事态扩大。这时，阵营的首席战略家想要全盘操控局势，当候选人告诉他去"处理好这件事"的时候，他却发现了削弱其他两个高级幕僚的好机会，而根本没有去处理这件事。

批评、混乱、欺诈、推诿，在克林顿白宫度过的 8 年时间里，希拉里对此一清二楚，这就是她勇敢地为之奋斗而不是反对的地方，这就是她所了解的真实世界。

希拉里选举财大气粗，花钱如流水。比如在拉斯韦加斯（Las Vegas）的百乐宫大酒店和全球连锁四季大酒店这样的高档宾馆里消费；购置大量的鲜花和缴纳数额不菲的停车费，特别是在得梅因（Des Moines）一个超市里就有 10 多万美元的杂物账单。只要可能，希拉里是不会在艾奥瓦乡下的汽车旅馆里呆上一个晚上的，她宁愿整晚呆在得梅因市的使馆套房里；或者不带记者和顾问，常常一个人坐着私家飞机到处飞来飞去。她的竞选经理是前白宫的日程安排人帕蒂·索利斯·多伊尔（Patti Solis Doyle），她创造了"希拉里地带"（Hillaryland）这个词来形容希拉里身边那些忠心耿耿的妇女，而用"白宫小子"（White Boys）来形容克林顿身边的那些顾问。首席"白宫小子"就是神秘的幕后顾问佩恩，他是在 1994 年克林顿政府艰难的时刻，与迪克·莫里斯（Dick Morris）一起来到白宫的。佩恩与多伊尔两人很少说话，佩恩似乎更重要些，负责民意调查的数据分析，并常常与比尔·克林顿一起分析结果，但是，他常常不会让多伊尔和其他顾问知晓（这些人当然会认为他在隐藏那些与他的策略不符的结果）。

佩恩尤其与白宫幕僚长哈罗德·伊克斯（Harold Ickes）相处得不好，两人之间存在着激烈的竞争，而且，佩恩的社会经验也明显不足。另外一个经验老到的助手是保罗·贝加拉（Paul Begala），他私底下开玩笑说佩恩患有"阿斯佩尔吉尔综合征"（Asperger's syndrome，也称为"孤独症心理病变"，是孤独症中的一种形式。——译者注），因为佩恩往往小事精明大事愚蠢。至于身为劳工法律师的伊克斯，其言谈又过于恶劣了，即使是在激烈的竞选对抗中。在春天快要来临的时候，《华盛顿邮报》就刊登了一篇描述佩恩与伊克斯互相尖叫着骂娘的文章。竞选经理多伊尔似乎快要崩溃了，她常常闭门不出，甚至有时还不回电话，而《新共和党》（New Republic）还散布竞选流言，说她整日躲在办公室里看肥皂剧（实际上，早上的几个小时她一直在回复电子邮件）。

竞选似乎在要采用哪种策略上犯难了，因为佩恩想打击奥巴马，而沃尔夫森、格伦沃尔德和伊克斯想要"美化"希拉里。"她不打算四处去讲她的感受。"佩恩讥笑着说。为此，喜欢给人起绰号和喜欢用简写的多伊尔便称佩恩是"希拉里竞选首席终结者"。在这种情况下，希拉里对两种意见真可谓是左右为难了。当攻击奥巴马和美化希拉里的宣传交替出现时，她的顾问常常会发生口角，之后这一切又被束之高阁。最初，规则委员会为希拉里制定的蹩脚的竞选口号是："我来了，为胜利而战"（伊克斯对一名《新闻周刊》的记者喃喃低语道）。

克林顿喜欢借用多丽丝·卡恩斯·古德温（Doris Kearns Goodwin）的书名——"政敌团队"（Team of Rivals）——来形容自己的阵营。该书写的是亚伯拉罕·林肯如何以他那顽强的意志和雄辩的口才获得最终的胜利，并把对手请入内阁的故事。有一名高级顾问可能对希拉里阵营的精神实质把握得较为准确些，他在对《新闻周刊》的记者发表评论时说道：

"这真不是一个令人感到愉快的工作环境——早上有7个人面对着一个来电，所有人都希望接听电话的人被炒鱿鱼，也知道打来电话的人都希望他们这帮人被炒鱿鱼。这可不是一个打造有凝聚力的团队的好方法。"

2007年整个秋季，多数报刊都认为希拉里已经胜券在握，即使这样，她的团队里还是充满着一种愤懑，因为奥巴马正在坐享其成，而且记者们也想抓住她和她丈夫的失误。10月底，在费城的一次辩论上，希拉里面容憔悴，神情疲惫，在躲躲闪闪和对手周旋了一个多小时之后，她被一个问题绊住了。当她被问及是否支持纽约州总检察长埃利奥特·斯皮策（Eliot Spitzer）允许非法移民申请驾驶执照的政策时，她竟然回答说："是。不是。可能是。"之后，参议员克里斯·多德（Sen. Chris Dodd），以及约翰·爱德华兹便对希拉里发起了攻击。希拉里阵营发布了一个称为"一拥而上"的视频——快速播放辩论中这些男人攻击希拉里的剪辑镜头。报刊指责她是在扮演受害者的角色，可这就是希拉里阵营想努力营造的——他们就是想要让人感觉到，这个对待妇女比男人更加苛刻的双重标准使希拉里成为最严重的受害者，特别是其中还有一个特殊的黑人男人。这种感觉持续了好几个星期，直到奥巴马在另一场辩论中，笨拙地修补了同一个移民问题而没有被报界批评才告结束。

希拉里阵营面对的也不完全是媒体问题。在11月13日艾奥瓦州的最后一轮辩论中，奥巴马被问到他是否真的能够成为代表变革的候选人，以及他对自己的职员有那么多是克林顿政府时期的顾问有何感想时，他习惯性地清了清嗓子："噢，你知道，我……"希拉里突然爆发出了笑声，高声呼喊道："我就想听这个！"奥巴马开玩笑说："哦，希拉里，我正期盼着你也能为我工作呢！"此时，守在新闻区内的现场记者们也开始议论开来希拉里的笑声是否真的是"笑声"，并说起"克鲁艾拉·德·希拉"的笑话来了。（此处将希拉里的名字模仿成 Cruella De Vil，克鲁艾拉·德·维拉，迪斯尼动画片《101 斑点狗》中的女恶棍。——译者注）

奥巴马开始找到点自信了，甚至还有些狂妄。11 月份，他带着奥普拉一起举行了一次热身活动，那天，成千上万的人不顾初冬的寒冷走出家门。温弗瑞谈到了自己读过的《简·皮特曼小姐自传》（*The Autobiography of Miss Jane Pittman*），该书讲述的是被奴役的皮特曼如何去寻找能给孩子们带来自由的救世主。

"哦，我相信，在 2008 年，我已经找到了皮特曼小姐问题的答案。我已经找到了答案！这也是我们国家同样面临的问题！在这里我可以告诉大家，他就在这，他就是……巴拉克·奥巴马！"

奥巴马站在后面，凝视着 3 万多人，和米歇尔一起挥手。在南卡罗来纳州一个大型集会上，奥巴马抛弃了他一贯的矜持，声嘶力竭地大声高呼以致他的声音都变了，"我想知道，你点火了么？准备出发！点火，准备出发……"一遍又一遍，直到史蒂维·旺德（Stevie Wonder）出来高喊："亲爱的，我在这儿！签名、密封、邮递。我属于你了！"

奥巴马不习惯表露情感，但是，在辩论接近尾声时他被问到一个无伤大雅的问题——新年愿望。当时他立刻抛开了模式化的官方语气说："一个更好的父亲、更好的丈夫。我想时刻提醒自己这些与我无关，啊，我今天都做了什么啊。我的家庭也承担着巨大的压力……并并并且……"他停住了，之后调整了一下嗓音继续说："你知道，昨天我和我的女儿们一起买了一棵圣诞树，我只陪她们呆了大约两小时，因为我不得不飞回华盛顿参加竞选……"这家人的朋友瓦莱丽·贾勒特，也是他最亲密的政策顾问之一，她猜想此刻奥巴马恐怕要痛哭起来了。她以前看到过一次，那是在2006年为《无畏的希望》举行的新书发布会上。当奥巴马说到他为在竞选参议员期间离开家那么久感到愧疚时，哭得都说不下去了。奥巴马具有不同寻常的自控能力，但是一涉及家人，他也会明显地表露出激动。贾勒特知道他违背了向米歇尔做出的回家看她和孩子们的承诺，对于这些，我们可以在奥巴马的语调中明显地感受到他的愧疚之情。

2008年1月3日晚上6点，也就是艾奥瓦州预备会议的当晚，奥巴马、贾勒特和普罗菲驱车去了民意调查现场——得梅因市的一所中学。

贾勒特回忆道："当时，我们3个人惊讶地相互看了看——停车场里挤满了车，白人来了很多，而且占了大多数，他们穿着印有奥巴马的T恤，围在我们身边。奥巴马来到了一名年轻的亚裔男孩面前（这是该男孩第一次参与选举），并对他前来投票表示感谢，就在奥巴马转过身去的那一刻，男孩的脸上挂满了热泪。奥巴马看起来似乎相当地轻松。随后，他又出席了宴会，但是他的职员们并没有怎么注意他，因为他们都在埋头盯着黑莓手机，以希望能早些得到选票回应。"

在希拉里阵营总部，特里·麦考利夫（Terry McAuliffe）——该阵营长期的资金赞助者，表现得相当地乐观，他预计希拉里可以赢10个百分点。几乎所有人都是这么告诉佩恩的，但是密切关注着民意调查结果的佩恩还是不敢完全地相信。晚 8 点的时候，麦考利夫站在人声鼎沸的选举大厅内大喊："我们现在怎么办？"发言人沃尔夫森走过去拿了一片比萨说道："我们完蛋了，我们被人踢了。"

希拉里阵营对到场人数严重地估计不足。佩恩最初预计在这个雪夜艾奥瓦州将会有 9 万人来投票，而民意调查及统计显示，最后人数升至 15 万人。在 1 月 3 日晚，几万名选民把体育馆挤得水泄不通，随后，他们被领到各自拥护的候选人阵营前。

其中 22% 的人是 25 岁以下的年轻人，这个比例对那些不热衷选举的人群来说已经是很高的了。然而，希拉里仅仅赢得了这些选民中 5% 的支持。

一名助手跑到麦考利夫跟前说克林顿想要见他。随后，麦考利夫由国家安全局护送到了克林顿的套房，他发现比尔·克林顿正在电视机前看保龄球比赛。前总统看起来轻松愉快。

"先生，"麦考利夫说，"你听到消息了么？"

"什么消息？"克林顿问道。

"我们输了！"麦考利夫说道。

"什么！"克林顿大叫道，然后大声地叫唤："希拉里！"

希拉里从卧室里走出来。

麦考利夫回忆说："没有人告诉他们这些，克林顿原本是打算和我喝啤酒观看比赛的。"

突然间，外面吵极了——格伦沃德和佩恩来了，随后多伊尔、沃尔夫森和政策主管尼拉·坦顿也来了。

"发生了什么事？"希拉里问。

当格伦沃德打开他的笔记本电脑，向大家展示那些莫须有的负面宣传的时候，大家顿时议论纷纷。佩恩认为，奥巴马强调反战立场的策略，实践证明效果是很好的，而格伦沃德所做的宣传报导本身就存在着问题。现在，比尔·克林顿也要为竞选宣传造势了。

"我们出发吧！"克林顿竖起大拇指说。

但是希拉里问道，"你要去哪里？现在做这些不过是螳臂当车。"

乘坐午夜返回曼彻斯特的航班真不舒服。

"马克，我们失去了妇女们的支持。"麦考利夫说。佩恩听了耸了耸肩。

在早上举行的高级幕僚电话会议上，才睡了不到一小时的希拉里向大家征求意见。她面对的是一阵尴尬的沉默，暂停了一会，她又继续开始询问，又是沉默。

"那好吧，我感谢大家，这对我来说这真是一场名副其实的独角戏。

距离 1 月 8 日星期二这天在新罕布什尔州举行民意调查不到 24 小时的时候，她还坐在曼彻斯特商业街的一个咖啡厅里，与 16 名选民会谈。

这时有人问："我想问个私人问题——你是怎么做到的？也就是说，你是怎么保持如此乐观和优秀的？"

希拉里回答说："这确实不容易，很不容易。如果我不满怀激情地相信我所做的都是正确的选择，我就不可能做到，而我的国家给了我那么多的机会。"她的声音哽咽了，"我不想看到自己落后于人，你们知道的，这对我来说是十分痛苦的。"

在回去的车上，她对一个助手大声叫嚷，"我们不该去艾奥瓦，我敢打赌，我们去艾奥瓦是绝对错误的！"其实，她是担心自己将成为另一个"马斯基时刻"。1972 年，来自缅因州的参议员埃德·马斯基（Ed Muskie），曾经在竞选中遥遥领先，但由于在新罕布什尔州的竞选中失利而终结了总统竞选。佩恩曾告诫她不要表露出弱点，可她说："我在担任'散军统帅'时就已经很受伤了。"那个下午她呆在曼彻斯特的竞选总部，职员们纷纷议论着她在咖啡厅里哽咽得说不出话的情景，他们让她相信自己表现很好，希拉里感谢了他们，然后又毫无气力地说道："不会再有下次了。"

当听说希拉里感情失态时，正在竞选车上的奥巴马的战略专家戴维·阿克塞尔罗德感受到了某种失落。奥巴马的一些支持者开始为即将到来的马斯基时刻而欢呼，但是当阿克塞尔罗德浏览网页观看这段录像时，有一种不安的感觉。

"每个人都说，'哦，马斯基时刻又到了'。" 阿克塞尔罗德后来回忆说，"但是我根本不是那么理解的，因为那将作为一次能够充分展现人性的时刻而被人们所牢记。"

当奥巴马在各州举行胜利大游行的时候，那些曾经认为希拉里必胜的媒体此刻感受到历史正在被这位第一任黑人总统候选人改写。有几名记者为了亲眼见证这一时刻，竟然还带着他们的家属一起支持奥巴马的竞选。在 1 月 5 日举行的最后辩论中，当有人问希拉里，为什么奥巴马在选民心中更受欢迎时，她回答说："这让我十分不好受，但是我会尽力进行下去。他十分讨人喜爱，这点我也赞同，但是我也不认为自己有那么糟糕。"奥巴马正在埋头作记录，抬头看了一眼答道："你也很让人喜爱，希拉里。"

在选举当天，犹豫未决的妇女选民们几乎都放弃了支持希拉里的立场。当晚，在新闻发布中心，《纽约客》（*The New Yorker*）的作家瑞安·利兹（Ryan Lizza）正在赶写一万字的关于奥巴马风驰电掣般的获胜故事。"我想我完了。"他说，"我得写一个完全不同的故事了。"

消息传来时，奥巴马正坐在一所大学体育馆的教练室内。当阿克塞尔罗德来敲门的时候，奥巴马站起来走到外面的走廊。

"简直让人难以置信！"阿克塞尔罗德说。

奥巴马闭上眼睛，靠着墙，他做着深呼吸，然后问道："这得需要一段时间，不是么？"

"的确如此！"阿克塞尔罗德答道。

约翰·麦凯恩和夫人辛迪·麦凯恩取得新罕布什尔州首场胜利后，在纳舒厄的皇冠假日酒店感谢支持者。（照片提供：《新闻周刊》克里斯托弗·安德森）

A Long Time Coming

第**2**章

起死回生

Back from the Dead

当春末夏初，麦凯恩的竞选开始摇摇欲坠时，媒体已经停止了对他的关注。但他们现在又蜂拥而至。索尔特意识到，他们是来报道麦凯恩的政治讣闻的。

像大多数美国人那样，巴拉克·奥巴马说，他最喜爱的电影是《教父》(*The Godfather*)，而参议员麦凯恩说，他一生中最爱的电影是《萨巴达万岁》(*Viva Zapata*)。如今，很少有人还记得这部极富浪漫色彩的传记片了。那是在 1952 年由马龙·白兰度 (Marlon Brando) 主演的，剧中的主人公埃米利亚诺·萨帕塔 (Emiliano Zapata) 是墨西哥农民起义运动的领袖。麦凯恩热衷于这部电影所表达的主题：贫苦大众用游击战对抗腐败势力。他还没有从 2000 年的总统竞选的怀旧情绪中恢复过来，当年他公然反对乔治·W.布什，反对共和党领导人竟公然将老布什的长子选为其合法继承人。虽然麦凯恩是忠勇世家的后裔——他的父亲和祖父都是海军将领，他的母亲出生于富有的家庭，但麦凯恩还是对特权阶级充满了戒心（并且十分反感被称做"后裔"）。他最终还是在 2000 年的共和党代表大会上接受了小布什——他尽力用那曾在战争中受过伤的胳膊，笨拙地给了满脸惊讶的小布什一个拥抱。可私底下，他却告诉他的一个亲密的助手——他非常不喜欢布什（这位助手用的是"憎恶"一词）。

在 2000 年的竞选中，麦凯恩曾将自己想象成起身反击死亡之星的卢克天行者。在"实话直通车"（Straight Talk Express）的竞选大巴上，他和他那些助手及大部分友好的记者朋友们谈天说地，并对自己的竞选团队所表现出来的凝聚力称赞有加。随后，他又谈起了自己过去的军事生涯，并与大家互相开着玩笑。2000年大选后不久，他在议员办公室享用标准的"麦凯恩早餐"（釉面甜甜圈、咖啡）时，与《新闻周刊》的记者谈起了那个振奋人心的时刻。他坐在沙发的一端，左脸颊的紫色瘤疤痕还隐约可见。"是的，我们是兄弟。"他眼里闪着光，声音低沉地说道。

2000年的竞选是一场光荣的冒险，一场英雄式的比拼。最后，还是麦凯恩败下阵来。在政界，反叛创造记忆而非胜利。约翰·韦弗（John Weaver）——麦凯恩一直以来的亲密助手，早在1997年便开始劝说麦凯恩考虑参选总统的第一人，或许也是这样认为的。在2005年和2006年的无数次谈话中，韦弗和麦凯恩的其他朋友、顾问都或多或少地强调了这样的事实。在他们看来，共和党的提名政策通常都很坚持原则，这很大程度上都要归功于拿破仑和腓特烈大帝。和其他人相比，上帝很是眷顾强大的阵营。确保取得大佬党（GOP，Grand Old Party 大佬党，美国共和党的别称。——译者注）提名的关键，就是要尽早封锁巨额资金、招募最优秀的组织者、把握最明确的支持并赢得"大势所趋"的印象。这就是小布什在2000年战胜麦凯恩及其他人的原因，同时也是约翰·麦凯恩在2008年需要去做的。

麦凯恩循规前行，但很不情愿。2006年秋天，他签字同意他的竞选队伍租用一间时髦且带有公司外形的办公室——该地点位于克里斯特尔市（Crystal），邻近弗吉尼亚州阿灵顿国家公墓，一条名叫波托马克的河流从旁经过。很快，这座"水晶宫殿"挤满了 2004 年布什－切尼（Cheney）竞选时的得力干将，他们中的很多人甚至从未见过麦凯恩。麦凯恩辞退了 2000 年负责他竞选的总理事里克·戴维斯（Rick Davis），随即委任了 2004 年为布什－切尼竞选的政策总策划特里·纳尔逊（Terry Nelson）。此人除了略带孩子气、讲话轻声慢语外，组织能力还特别强，他的竞选手段就是"震慑"二字。连他自己也承认，他的确不是像麦凯恩这样反叛式的候选人会在 2000 年总统竞选中聘请的类型，因为他的相关经验更适合去毁掉那种竞选。

成为竞选中的领跑者，麦凯恩一直觉得不太自在。当他第一次走过竞选总部时，他评论道："这真是太大了！"麦凯恩不太适合做一个当权者，而且他的党派身份一直备受质疑——对于那些右翼的强硬派，特别是拉什·林博（Rush Limbaugh）的铁杆粉丝来说，他只不过是一个徒有虚名的共和党人。共和党右派排斥并歧视所有的移民，麦凯恩却试图和解——不遗余力地与泰德·肯尼迪（Ted Kennedy，民主党的元老和最具影响力的一个象征，他被认为是自由主义的重要标志性人物。两个兄长分别是约翰·肯尼迪总统和罗伯特·肯尼迪参议员。——译者注）合作。党派中的支持者是有理由去质疑麦凯恩的，他在私下的谴责中有些太过刻薄。他曾对他的几个亲密的顾问抱怨道："我到底 TMD 为什么要带领这个该死的党？"

麦凯恩的竞选被想象成一个挥霍金钱的机器——预算草案就高达 1.1 亿美元，但是这笔钱并没有到账。一般来说，大部分的竞选活动都可以得到支持者们 80% ~ 85% 的捐助，但在麦凯恩的竞选中，只有不超过一半的人这样做了。"他们来了，吃了我们的食物，喝了我们的酒，拿走了他们的照片。"麦凯恩的对外政策立法助理马克·索尔特（Mark Salter）说道，"但是，他们并没为此掏钱。"大部分的候选人都不愿伸手"要钱"，去向陌生人乞求。事实上，麦凯恩已经停止打电话，并且他的主要资金筹集人卡拉·尤迪（Carla Eudy）也同意他这样做。竞选中，他们鼓吹在2007年的前4个月可以筹集5 000万美元——这是个足以威吓住他们对手的数字。然而，麦凯恩只筹集到了1 300万美元——这比米特·罗姆尼（Mitt Romney）和鲁迪·朱利安尼（Rudy Giuliani）的都要少。

作为麦凯恩2000年总统大选的竞选经理，里克·戴维斯此次也并未完全被"遗弃"，他只是被暂且搁置起来了。他现在所要做的就是和那些赞助者们进行热烈讨论，同时，去处理些所谓"麦凯恩夫人的材料"——以便满足辛迪·麦凯恩（Cindy McCain）的一切宣传要求。在2007年的冬天和春天，麦凯恩夫人从戴维斯处得到的消息是麦凯恩的竞选进行得非常糟糕。

辛迪·麦凯恩从来都不喜欢政治。辛迪明白，自己不得不担当起"海军夫人"的角色，忍受与丈夫长久的分离，但那并不意味着她喜欢苦中作乐。辛迪的父亲是亚利桑那州（Arizona）富有的啤酒经销商，他非常宠爱自己的女儿，并将其送入了南加利福尼亚大学（University of Southern California）（约翰常常打趣说，那是一所名副其实的溺爱孩子的学校）。在竞选期间，她将淡银灰色的头发梳理得很时尚，但不失朴素简单——这让她的仪态表现得分外庄重且严肃。在2000年的竞选中，当共和党中的无赖指责她对止疼药上瘾（曾经确有其事，但她已经成功戒掉了），以及污蔑麦凯恩用一个黑人妓女来哄自己的孩子时［那些卑鄙的艺术家利用了辛迪从孟加拉孤儿院收养的女儿布丽奇特（Bridget）的照片），她强忍住了自己的愤怒。辛迪谴责布什团队的这种卑鄙的行径，并且十分反感那些现在正为她丈夫效力的原"布什的人"。几年来，戴维斯从来就没有停息过这些抱怨。

2007 年的冬天，这座"水晶宫殿"变成了一座疯人院。韦弗－尼尔森一派指责戴维斯的人没有筹集到足够的钱；而戴维斯一派则认为韦弗－尼尔森没能合理支配花销。戴维斯还偷偷告诉辛迪，总部充满了徒有虚名和唯利是图的人，这些人在这里工作并不是完全出于对约翰·麦凯恩的忠诚。看到这些后，作为候选人的麦凯恩十分恼怒，但又有点茫然不知所措。当得知通讯店（the communications shop）又一次攻击了米特·罗姆尼时，他十分困惑不解地问道："我们为什么会去做那样的事呢？"

麦凯恩是个执着的手机狂（cell-phoner）。他自始至终都是通过电话来向他之前的或现在的成员、顾问们打听消息的。

"这是怎么回事？发生了什么事？"他往往这样开始他的谈话。

当讨论最后有些停顿时，他会鼓励道，"还有些别的吗？"

由于麦凯恩没有使用任何指挥系统，而是用他的手机建立起竞选领导班子的背后通道，这便使他很容易受到那些持不同政见的来电者的困扰，因此，他的朋友前议员菲尔·格兰姆（Phil Gramm）最终建议他停止用手机。

这位候选人看起来很不开心，他的表现似乎也毫无生气。收不到竞选资金，也没有人提及约翰·麦凯恩的"大势所趋"。到 2007 年春末，如果说约翰·麦凯恩的竞选还不算开始走下坡路的话，那至少是原地踏步、悬而未决。其问题不在于纳尔逊、韦弗、戴维斯，抑或是那些新布什主义者、老麦凯恩主义者，而在于麦凯恩本身。

据很多在 2000 年坐过麦凯恩竞选大巴的人说，这位候选人是一个充满魅力的男人。他谈笑风生，滔滔不绝，而且知识面很广。那些曾与麦凯恩相处过的人都感觉到在这份真诚的坦率下，会不由地产生一种不可名状的神圣感——麦凯恩曾在监狱受过折磨，拥有不同寻常的性格上的深邃，他可以宽恕他自己和其他人的罪恶。偶尔，他也会心怀憎恨，但不久便会抛之脑后。他可以坦然地承认自己的过失，而且也是经常这样做的。他剖析着自己，"他身上的瑕疵正如他胸前光荣的奖章一样，并心怀戒备地保卫着自己的罪恶。"曾与麦凯恩一起旅行过的福克斯新闻的记者卡尔·卡梅伦（Carl Cameron）这样回忆道。如果说麦凯恩不是那种总是很风趣的政治家，那么，还有谁能如此开明呢？麦凯恩本人很喜爱记者，在 2004 年的共和党代表大会上，他在名单上邀请了 50 名记者到纽约一家极高档的法国餐馆就餐，席间向他们敬酒，并半开玩笑地说："敬我的'基地'。"

但在最亲密的朋友眼中，他是一个让人捉摸不透的、富有人情味和平民化的麦凯恩——他的这些品质同时也是他的缺点。他们注意到他常常烦躁不安，而且总是忙忙碌碌的样子，难得真正放松下来（也许看橄榄球比赛时例外）。一个亚利桑那州的朋友说道："他好像总是疲于奔命，似乎要弥补他在监禁期间错过的一切。"一些助手从他曾作为战俘关押了很多个月的经历中推测到，麦凯恩似乎有种病态的欲望——不愿独处、不愿醉酒。他好像喜欢在公交车上与记者们争论，而厌倦那些职员给他介绍有关投票的技巧和细节。有一次，当竞选团队向包租公司谈论飞机的事情时，有人建议说，可以将候选人及职员乘坐的飞机与媒体乘坐的分开。其他一些职员则认为这样做简直是在开国际玩笑，因为麦凯恩会宁愿赶走他的职员，而把记者们叫到他的专机上来。

即使是他的高级助理（同时也是他亲密的朋友），有时也会对这位候选人感到不安。因为麦凯恩似乎只生活在现在——他从不会后悔，更不会向后看。他的一个顾问坦言道："我担心他会在某一刻毫无警觉地被落下、被抛弃，或是更多的顾虑。"麦凯恩是忠肝义胆的人，他喜爱谈论他的那帮兄弟……并且他也可以含糊其辞，甚至守口如瓶。他有时感情迟钝，有时却很热情……但谁能知道他到底在想些什么呢？他参加所有的群体活动，但本质上是个孤独的人。他是一名飞行员，一个对立的格斗运动员，而不是舰队将领；在海军中，他也相对缺乏些指挥经验。作为一个军人的儿子，麦凯恩从小就一直呆在家中，长大之后，他从来没有在一个地方呆过很长时间。1982年，当他第一次从亚利桑那州竞选国会议员时，有人竟称他为投机家。他厉声讽刺道，他很感谢"毕生能在像亚利桑那州一区这样美丽的地方生长、居住，但是我现在正做着其他的事情。事实上，我现在认为，在我一生中居住时间最长的地方是河内。"但他的助理说，他很少谈及五年半前在河内希尔顿的监狱里的事情。

在美国的参议员中，麦凯恩是名副其实直来直去的人（也被称作"鲁莽的参议员"）。在那些正享受国家俸禄的立法人面前，他从来都是直抒己见。他会变得很冷酷而且很生气，甚至会突然说几句很没礼貌的话，而后再道歉。据说，有一半的议员收到过麦凯恩的道歉条，这么说委实有些夸大其词，但恐怕也不在少数吧。与此同时，麦凯恩不喜欢面对他的朋友，他不愿解雇他的任何一个职员。不像希拉里·克林顿，他反对不断地更换员工，即便有时候他们真做得很过分。越是接近麦凯恩，他的朋友和顾问就越发深切地感到，难以了解这样一个喜怒无常的人，一个可与之共事但又难以捉摸的人。一名曾为1973年从北越南释放回来的麦凯恩做过咨询的心理医生，认为麦凯恩是"轻微内敛主控性格"，但这不是他在监狱里养成的性格特点。当他还是个高中生（当时他的外号叫"蓬克"和"难以对付的麦克"）和海军军官学校的学生时，麦凯恩便是一名破坏分子。他曾经很崇敬海军，并且已经接受他注定要跟随他的父亲和祖父到海军服役的宿命，但有时也会做出一些叛逆的事情来。他似乎很清楚底线是什么，所以会去避免那些会把他从安纳波利斯（Annapolis，马里兰州首府。——译者注）赶走的麻烦。但是，他犯的错误恐怕也足够让他五次以班级最后一名的成绩毕业。同时，麦凯恩也会将这种性格流露给他的职员。他不会立即解雇他的职员，但会让他们的日子不好过，直到他们自动辞职为止。然后，他又会思念他们，所以，他从来都不会真正让他们离开。当他主要的赞助者卡拉·尤迪在2007年的春天被开除后，尤迪觉得，他和麦凯恩交谈的次数，要比和他一起工作时还要频繁。他想起了老鹰乐队的那首经典歌曲——《加州旅馆》（*Hotel California*），那是一首关于"可以从一家旅馆结账但永远无法离开"的歌曲。其他人则把为麦凯恩工作比喻为是在中央情报局工作——一旦开始工作，你便会永远留在那里。

总统候选人不必对他的竞选做到面面俱到，但是，对于竞选中入不敷出的状况，麦凯恩就不得不过问了。5月的时候，他严厉地命令他的高级助理要立刻削减、再削减预算，并开始精简人员。但是这对竞选来说已经无济于事了。麦凯恩和韦弗尤为亲密，不仅是因为他是第一个让麦凯恩参加竞选的人，也是在接下来的几年里陪伴麦凯恩在全国测验水域、建立支持群体的人（韦弗的一项工作是帮麦凯恩梳头；因为麦凯恩的胳膊达不到那个高度）。虽然韦弗有一张面无笑容的阴郁的脸，这位风趣的候选人却称他为"晴天"。韦弗对于麦凯恩的感情简直是太强烈了，以至无法用言语来形容。但是 2007 年的春天，这两个人开始持续不断地争吵。"每天都会与约翰争吵。"韦弗后来回忆道，"他的电话每天都是一场争论，一场恶劣的争论，我每天都要和他通 20 次左右的电话。一件区区小事都会使他发狂，其实很多事情都不是真的。"韦弗怀疑主要的"始作俑者"戴维斯——是他纷扰了辛迪·麦凯恩和约翰·麦凯恩本人。

麦凯恩手中的现金要超过崇拜自由主义的候选人罗恩·保罗（Ron Paul）。在激烈竞选后，我们聚到了在亚利桑那州塞多那市（Sedona）麦凯恩家的院子里，他手拿一块厚厚的快要烧焦的肉，闷闷不乐地站在烧烤炉前，一言不发。7 月 4 日的周末之后，麦凯恩和他最好的参议员兄弟林赛·格雷厄姆（Lindsey Graham），一起去了伊拉克。麦凯恩对伊拉克是持肯定态度的，而他也得到了各党派的前辈们和他的一些助手对他坚定不移的鼓励和支持——这让他很有压力。然而，当他在伊拉克见到了那些以苦为乐的士兵时，他被深深打动了。同时，通过与总是和颜悦色并且对麦凯恩传奇虔诚信奉的格雷厄姆的谈话，也极大地激起了麦凯恩的热情。在 14 个小时的返航路上，麦凯恩对格雷厄姆说道："你知道我们没有退路了；我们不能让那些家伙倒下。"格雷厄姆答道："约翰，你是对的。如果他们能做到，我们也能做到。"

当麦凯恩返回时，在这个漫长艰难的竞选时期，他把特里·纳尔逊和韦弗也叫来，加入到了他们的争论中。韦弗责备麦凯恩道："纳尔逊并没有建立起制度，而是你建立了制度，我们只相信我们自己的话——那就是我们为什么到了今天这种地步。"韦弗愤怒地离开了，但纳尔逊在他可能被解雇之前阻止了他的行为。

一直等待的是期望可以恢复他2000年竞选经理一职的戴维斯。戴维斯结束了这场闹剧。当职员被缩减到只剩一半多点时，这座"水晶宫殿"的办公室和房间开始显得越发空旷。戴维斯组织剩余的人马在一个空旷房间里的长桌子上工作。有的职员甚至觉得，这个地方看上去有点像游乐场所。

当春末夏初，麦凯恩的竞选开始摇摇欲坠时，媒体已经停止了对他的关注。但是在7月中旬去往新罕布什尔州的路上，麦凯恩的亲密顾问——被称为"万能文书"（他是麦凯恩畅销书的合著者之一，也是麦凯恩演讲稿的起草者）的马克·索尔特注意到，媒体记者却突然蜂拥而至，不光是那些独家报道的记者，还来了很多华盛顿的"头脑"——办公署的负责人和专家及主要的政治记者。索尔特意识到，他们是来报道麦凯恩的政治讣闻的。他遇到了《华盛顿邮报》的高级政治记者丹·巴尔兹（Dan Balz），他说道："你们是站在电线上的秃鹫，到这里来观看什么时候他会狂抓自己的胸而后死亡。"

麦凯恩继续前行着，但他的严肃的颌、顽强的左脚、坚毅的右脚都清晰可见。他开始抛弃他的执拗，去打筹钱电话，但捐助者仍然犹豫不决，而且支持者很少也很冷漠。对于麦凯恩来说，这是一个蓝色时期——他是凭勇气和毅力支撑着的。

但那之后，麦凯恩的勇气和毅力更大了。夏末时，偶遇到斯蒂夫·施密特（Steve Schmidt）顾问，他给了麦凯恩一些很有价值的建议。施密特是2004年布什-切尼的另一个老成员——他曾经在作战室和快速回应团体指导过。他强烈相信要明确简单的主题并在家击败对手。

8月，施密特在电话中问麦凯恩："你认为在伊拉克会发生什么？"麦凯恩回答道："我想事情会变得更好，我相信大浪在前行。"屈从了政治潮流后，麦凯恩在后来的公共评论中对伊拉克战争变得有些模棱两可，但私下里他还是认为，如果在伊拉克战争中妥协，那将是对基地组织和全世界的懦弱表现，并且将会挫伤美国军队的士气。

施密特明白这是公众需要看到的——信赖、热情、愿意为信念而牺牲政治事业。这就是可以在新罕布什尔州制胜的关键，那是个标新立异的州，而且他们不想知道《华盛顿邮报》究竟选了谁。

"先生，"对麦凯恩的军事生涯怀着尊敬的施密特（尽管他自己并没有服兵役）说，"我们应该停止回避伊拉克问题。你相信这个。其实你并不认为事情会变得更好；你相信我们会最终赢得战争。先生，我们需要把这些告诉选民。"他建议麦凯恩和那些战俘朋友们一起乘坐竞选公交车穿越全国：从圣地亚哥这个海军城镇启程，再到新罕布什尔州结束。麦凯恩呆在简陋的旅店里，他叫人拿走了那些草坪上座椅，然后，在晚上的时候，他和那些战俘朋友们坐在外面喝着啤酒。"你是个文学迷。你是个电影迷。戏剧中有三场演出。电影中有叙事部分。你的竞选没戏了。"施密特说，"这只留下了一个故事——东山再起。先生，你没得选了。"

施密特的这句话触发了麦凯恩的疯狂和浪漫。9月，麦凯恩开始了他的"永不妥协的旅行"。他的大部分顾问——一致想让他远离伊拉克的顾问们——是如此的缺乏热心；当他们其中的一个下车时，他的新罕布什尔职员警告道："别把公交车开到这里来。"麦凯恩的旅行伙伴是可以分享他的黑色幽默的格雷厄姆议员。作为一个热心的报纸读者，麦凯恩带着严肃的消遣读着他的政治讣告。"他们做的正是我们想要的。"然后他会和座位旁的格雷厄姆哈哈大笑。在有些时候，人们总是有着特定年龄的沉着。"这是个好消息，"在这样的事件之后，格雷厄姆告诉麦凯恩。"有另外 90 个人现在跟着我们了。那些二战期间的老兵们也准备支持我们了。"

竞选在曲折的小路上艰难前行。有一次，马克·麦金农（Mark McKinnon）——曾在 2004 年为布什－切尼工作过的媒体顾问，描述了他为之工作过的布什的竞选和麦凯恩竞选的差别——那就像是英国皇家海军和杰克·斯派洛（Jack Sparrow）船长的"加勒比海盗"的差别。麦凯恩很喜爱这个对比。他开始发出些类似海盗的噪音，在他的笑话中用"啊啊"做些停顿，偶尔也会用一些奇怪而又欢快的吼声来欢迎那些记者朋友。画有海盗的衬衫最终穿在了那些支持麦凯恩的竞选志愿者身上，甚至还有一些记者也穿上了它。"实话直通车"竞选大巴恢复了生机；当候选人忙碌时，网络工作者也会坐在麦凯恩的位置上打个盹或看看电视。

感恩节到来时，记者们开始注意到了一点变化。支持的群体在壮大，麦凯恩的支持率在上升，尤其是在新罕布什尔州。在夏天那些难熬的日子里，当《新闻周刊》的记者问戴维斯为什么他不和媒体一起去参加麦凯恩总统竞选之路的最后仪式时，他很扭捏地笑了笑，然后说："没什么个人原因。我们的竞争对手都是很优秀的，他们中的一些人还是我们朋友——但仅就政治而言……等着瞧吧，总有一天，剩下的这些家伙一定会露出他们狼狈的嘴脸。"尽管他的话有些粗俗，但并没有说错：前经纪人米特·罗姆尼似乎将这场竞选作为一种管理咨询项目，好像他是在卖一种产品并努力增加他的销售额一样，而且他给人的感觉也总是很做作，即使他是百分之百的真诚，所以，这种人根本就不配做个政治家；鲁迪·朱利安尼似乎在营造一种"鲁迪崇拜潮"，他不断地谈论他在"9·11"恐怖袭击事件中的表现，而且他还错误地相信自己可以获得1月末的佛罗里达州首府的竞选；前任参议员弗雷德·汤普森（Fred Thompson）看起来好像年龄太大并且几乎处于半睡眠状态；前任阿肯色州州长麦克·哈克比（Mike Huckabee）作为马戏团老板和福音教牧师参与其中，但是他在外交方面几乎没有什么经验，所以，他注定了是要失败的。

像很多的战斗飞行员和老水手一样，麦凯恩是出了名的迷信。因为某些神秘的原因，他坚持坐在包机的第四排，当一个倒霉的高级职员被发现坐在了他的位置上时，麦凯恩便会叫他滚到一边去。在新罕布什尔州，麦凯恩要他的职员帮他预定2000年意外战胜小布什时住的同一家宾馆。而且，从那晚他便一直穿着他那件幸运绿色毛衣，并带着一支幸运钢笔和一支幸运印度羽毛。1月8日，也就是在新罕布什尔州首府的那天，麦凯恩显得很紧张很焦躁，也不再像往常那样讲着笑话，后来他终于平静下来了，因为对他意义非凡的朋友们告诉他一定会赢。

他轻松地赢了。"麦凯恩回来了！"支持团队中响起了高亢的欢呼声。那晚，在他演讲之后，麦凯恩的顾问史蒂夫·杜普雷(Steve Duprey）在他兜里装满了彩纸，那是他刚才路过为胜利喝彩的人群中时拿来的。知道麦凯恩有迷信的习惯，杜普雷想要确保在每个盛大的日子里手里一直带着这些幸运彩纸。1月15日，麦凯恩在密歇根州输给了罗姆尼，很大程度上是因为罗姆尼回忆起了他童年时代的家，并保证会给支持他的选民找回许久以前他们丢掉的工作。1月19日，在卡罗来纳州南部，麦凯恩很是烦躁不安，他的妻子辛迪则更为严重。那是 2000 年麦凯恩被那些无赖污蔑的地方，辛迪至今还耿耿于怀。查尔斯顿（Charleston）正下着雨夹雪，天气很是糟糕。麦凯恩似乎像是被关在了牢笼里，把自己与试图用"设想胜利"惹他发怒的朋友格雷厄姆关在了一起。到下午 7 点时，气氛格外压抑，辛迪和格雷厄姆都恨不得从窗户中跳出去。格雷厄姆后来回忆说，麦凯恩 95 岁的老母亲罗伯塔（Roberta）则试图用她如何想要嫁给林赛的玩笑来缓和气氛。这时，电话响了，是美联社的丽兹·茜多提（Liz Sidoti），他告诉施密特美联社想要为麦凯恩宣布战绩。这个激动人心的消息蔓延了整个屋子——一些助理开始大喊并相互拥抱；所有的眼球都关注着电视机，等待着网络发布这个消息。五分钟过去了，然后是十分钟。电话铃又响了，茜多提说，美联社决定延迟计划。从电脑上返回的数据信息并没有使分析者满意——看起来哈克比正在缩小差距。"看见了吗，林赛？这都是因为你。"麦凯恩半开玩笑地说。

一个极其痛苦的不眠之夜又开始了。"我们都醒着呢，小伙子，我们都醒着呢。"格雷厄姆小声喃喃着。"小伙子，我们都睡下了。"麦凯恩应声答道。麦凯恩和格雷厄姆经常彼此叫对方"小伙子"。这样的痛苦最终在晚上 9 点 20 分结束了，因为茜多提打电话过来说，美联社要正式宣布麦凯恩是胜利者。

马克·索尔特回忆说，他从未见过麦凯恩像那天晚上那么高兴过。这位饱受折磨的当事人以 71 高龄在台上跳跃着，似乎有一些摇摇欲坠。辛迪穿着紫色的礼服，戴着璀璨的珠宝，显得光彩夺目，那才叫珠光宝气。麦凯恩顽皮地咧着嘴笑着。此时的他似乎已经忘了 2000 年在南卡罗莱纳州的溃败。"八年的朋友之情意味着什么？"他向人群大笑着喊道。这时他的母亲也开始大笑起来，麦凯恩走到她身边并在她的额头亲吻了一下，"谢谢，妈妈。"他兴奋不已地说道，就像是神父的"再给我一次机会"所演的那样。那天到很晚他都没睡，一直和他的老兄格雷厄姆谈论着他们走到了多远以及摆在他们前方的会是什么。现在看来，只有厄运才能让他从兴奋中醒来。

到了2月末，索尔特终于不再被每天早上那些潜意识里的糟糕的故事所惊醒。12月份的时候，他感觉到了那些故事正在来的路上。《纽约时报》不时会打电话过来，询问麦凯恩与那个叫维姬·伊色曼（Vicki Iseman）的极富魅力的院外说客是什么关系。1999年，有人看见她经常出入担任参议院商务委员会主席的麦凯恩的办公室。朋友们开始给索尔特打电话，询问他传言的真伪。难道《纽约时报》要披露麦凯恩和可以得到立法优势的说客之间的婚外情吗？索尔特花费了包括圣诞节在内的很多时间收集证据，来证明此事纯属捏造。但谣言还是没能烟消云散。当《纽约时报》的记者和罗姆尼的新闻秘书闲聊到这个故事会在第二天的首页报道时，罗姆尼也加入到谈话中并问道："还没发布吗？"事情相当清楚，罗姆尼很是希望这则故事能够在到达新罕布什尔州首府前发布出来。

但是数周过去了，这篇文章还没有发表。索尔特听说《纽约时报》的主编比尔·凯勒（Bill Keller）曾两次阻止此文章的发表，于是开始相信它不会发表了。索尔特有点冷漠，但也爱嘲讽几句；他有时候会生气，但有时候也很浪漫——这也是他能为麦凯恩很有效率地改变自我的一个原因。当他把这件事转达给施密特时，索尔特想他要相信《纽约时报》主编已经是"成人"了——这些指控太微不足道，而《纽约时报》则太负盛名。"我知道他们，"

他告诉施密特，"他们是成年人了。他们不想在没有原因的情况下去伤害一个基督教家庭。"

施密特认为自己对于媒体来说是个现实主义者：他想要利用记者们，同时也想被他们利用。他认为需要给予媒体警觉的关注。即使是在宾馆酒吧里和他们欢度时光的那些最友好的记者们，都可能对竞选感兴趣。他相信《纽约时报》停靠的是一个自由的海港。"看，"他告诉索尔特，"如果麦凯恩是候选人，他会有两个竞争对手：民主党提名的任何人和《纽约时报》。《纽约时报》会每天都发表消息，帮助你的民主党竞争对手打败你，而你只能接受它。"

2 月 21 日，《纽约时报》在其网页上刊登了一则故事，暗示麦凯恩在他竞选 2000 年候选人时，已经浪漫地和伊色曼在一起了。竞选团队得到了两个小时的预警。麦凯恩在俄亥俄州。索尔特和施密特在华盛顿，他们快速到了机场，那里正下着雪，航班都被取消了。后来，他们搭乘去往底特律的航班，在那他们可以租到一辆轿车前往托莱多（Toledo）。当《纽约时报》在网上爆料了他们那个故事，他们正上下移动着黑莓。施密特开始轻轻地敲打自己的拳头。

"对《纽约时报》来说，这是个错误。这不仅会伤害到我们，也会帮到我们。"施密特说道，声音中略带些许兴奋，"我们将会做麦凯恩摘要。我们要告诉他要坚强地站在那里。做一个新闻发布会，回答任何问题，就是别闲烦了。"索尔特开始觉得好点了，之前这两个人一直在讨论着如何控制损失的问题。当他们到达底特律便开始给记者打电话，告诉他们这个故事不适合发表。在《纽约时报》最终以非常小的篇幅刊登出来以前，也曾被阻止过几次，他们力图抹杀麦凯恩和院外说客之间的绯闻，但看起来这是一种笨拙的方法。

晚上 11 点 30 分，索尔特和施密特到达了麦凯恩的宾馆套房。辛迪明显有些焦躁不安。麦凯恩板着脸，看起来既暴躁又沉默。索尔特开始切入话题："你知道吗？这个故事是个错误。这是个投机，因此它很快就会真相大白。"这两个助手发表着他们对新闻发布会的对策。"不要发疯了，"索尔特鼓励道，"保持冷静。"麦凯恩几乎没怎么说话，只气呼呼地说了句"新闻发布会上见"。

第二天，麦凯恩不加修饰地否定他与伊色曼的任何浪漫的关系，对《纽约时报》予以痛斥。施密特的直觉是对的：这个故事被证明是使报纸难堪的新闻。专家们对《纽约时报》发布这样一条没有明显证据的新闻很感兴趣；《纽约时报》的调查官员同样对其进行指责。这里有一些尴尬的不严密的结尾。这个故事声称麦凯恩的顾问曾经警告过他不要去见伊色曼。麦凯恩坦然地向记者否认了这件事。但是约翰·韦弗——麦凯恩曾经最好的兄弟，现在处于半流放状态，虽然偶尔仍然会和麦凯恩谈话——告诉《纽约时报》和《新闻周刊》的迈克尔·伊西科夫（Michael Isikoff）曾经在联合车站的饭店见过伊色曼，并告诉麦凯恩远离这位议员。两位助理告诉《新闻周刊》，当麦凯恩准备总统竞选时，他确实在1999 年 12 月时被警告过不要见伊色曼。这些细节很大程度上都被主流报社核查过，但他们很快失去了兴趣。

施密特使伊色曼事件受到了控制。麦凯恩也许很喜欢和记者们称兄道弟，但这次的教训是显而易见的：

> 最后，这个自由的报社都会对你感兴趣。索尔特没有
> 立刻放弃记者，但是他相信"首先进攻"的新闻业会将

诚实的平等交换放在一边。"实话直通车"很有趣，但是，
这并不是取胜的方式。

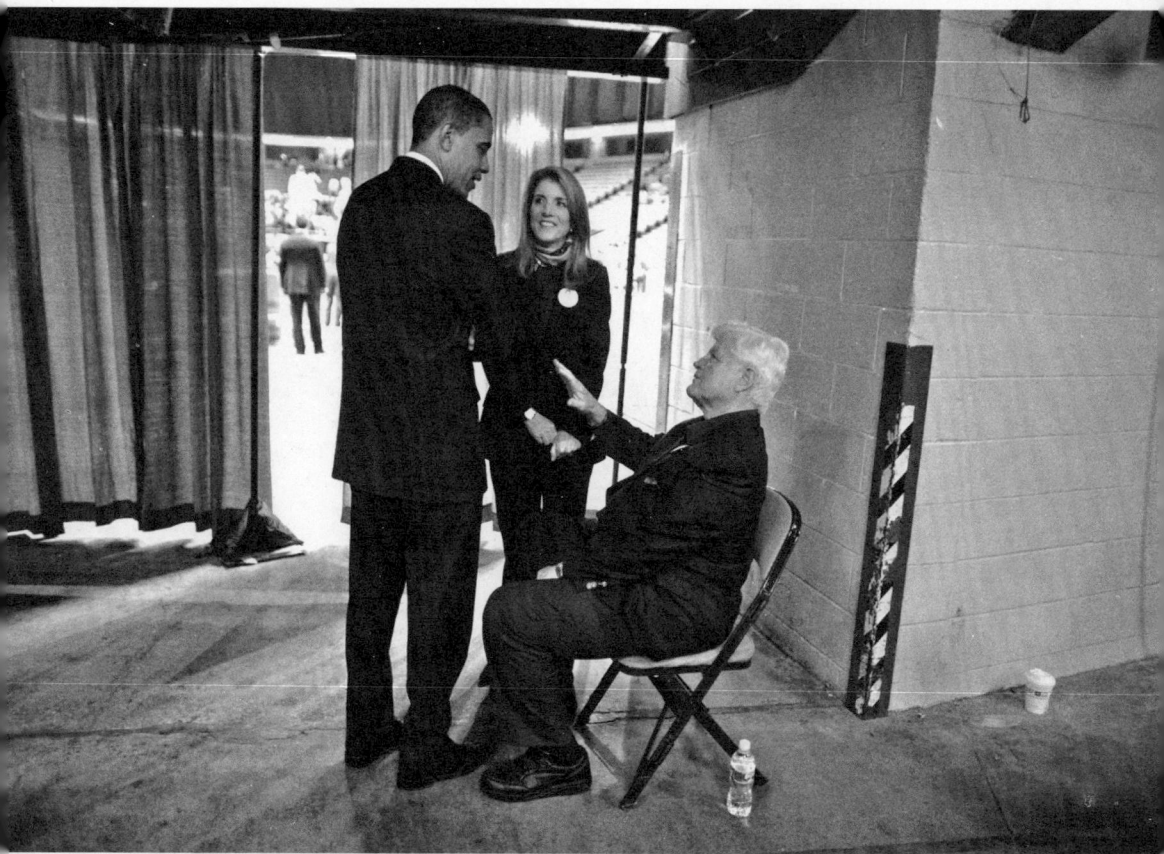

超级星期二前，竞选的最后的日子里，奥巴马在新泽西州与卡罗琳·肯尼迪和泰德·肯尼迪议员私下会面。（照片提供：《新闻周刊》查尔斯·翁曼尼）

第 **3** 章

A Long Time Coming

持久围攻

The Long Siege

希拉里和奥巴马之间的对抗进入了白热化状态，一直持续到预选当天才见分晓。

贤妻从新罕布什尔州的竞选中险胜归来，比尔·克林顿却是满腔义愤。在竞选中，奥巴马阵营说了许多对希拉里不公平甚至是污蔑性的话，克林顿把这些事情一一列举出来，足足达81页之多。克林顿向每位愿意倾听的人抱怨道——媒体总是把奥巴马视为宠儿。这位前总统敦促道，如果记者没有紧跟着奥巴马，那么希拉里的竞选团就必须这么做。2008年1月13日星期天，克林顿在与唐娜·布拉齐儿(Donna Brazile)的电话交谈中情绪激动。唐娜·布拉齐儿是一位直率且意志坚定的非裔美国女性，她曾担任过艾尔·戈尔(Al Gore)的竞选经理，后来她也不时地给克林顿夫妇提供些意见及见解。在和布拉齐儿的电话中，克林顿吼了一个多小时，他喊道："如果巴拉克·奥巴马成为提名候选人的话，那将是对公共服务事业的最大诋毁。"随后，布拉齐儿问道："你为什么这么生气呢？"

很明显，前总统克林顿性情十分暴躁，表现得焦躁不安。准确地说，这就是为什么心理学家会让他做一些猜谜游戏了。他似乎在担心他妻子会丧失克林顿家族重返白宫的机会。从更深的层面来看，前总统克林顿再也无法重登总统宝座，所以他在嫉妒她。

或者说得更奇怪点，他可能是在嫉妒奥巴马。由于克林顿在他执政期间不断给予非裔美国人安慰与帮助，并设身处地地为他们着想，所以一些黑人称他为"美国第一位黑人总统"，他也为此深感自豪。如果奥巴马在竞选中获胜成为美国第一位真正的黑人总统而使他相形见绌的话，这怎么能不引起他的嫉妒？更令人恼火的是，奥巴马在对内华达州记者的回答中赞扬罗纳德·里根总统是真正的变革促进者，而比尔·克林顿只不过偶尔才那样做。克林顿总是能成为人们的焦点，他总是能吸引别人的目光，《克林顿传》的作者戴维·马拉尼斯（David Maraniss）曾经把他描写为"班级中最有智慧的孩子"。克林顿想成为他妻子竞选中的主要参与者，他将位于弗吉尼亚州阿灵顿的办公室作为克林顿竞选指挥部。这个指挥部离华盛顿不远，有时战略顾问马克·佩恩或形象顾问曼迪·格伦沃尔德会住在这里。但包括竞选经理帕蒂·索利斯·多伊尔在内的工作人员，以及情报局的人员都发现比尔·克林顿的存在会令人很不舒服，甚至有时会有压迫感。当他在路上或者去收集情报时，人们才会觉得开心，可他不在的时间总是短暂的。

比尔·克林顿1月19日在内达华州核心会议中的表现令人印象深刻。他在赌场用他那富有传奇色彩的方式工作，还用魅力吸引下班的女服务员及赌场总管。最后，在内达华州的竞选中，希拉里以微弱的优势险胜，这使她恢复了在新罕布什尔州的势力。随后，克林顿要去南卡罗来纳州为1月26日的民主党党内初选做准备。他信心十足地表示，他与非裔美国人的接触将会大大挫伤奥巴马的天生优势（在南卡罗来纳州，几近一半的选民是黑人）。但竞选团的工作人员不认为他能起到如此重大的作用，所以只安排他进行了短暂的访问。当希拉里听到要在该州取得胜利所需的最低人数时，她极力支持丈夫的做法。她说："这太疯狂了，比尔需要去南卡罗纳州了。"

但他的言行似乎有些过激，当被问到尖酸恼人的问题时，居然对记者们大喊大叫。他还尖锐地把奥巴马比作杰西·杰克逊（Jesse Jackson），因为杰克逊曾在 1984 年和 1988 年的南卡罗来纳州的竞选中直接要求黑人选民投票给他。自由派人士被克林顿这样笨拙的举动吓坏了，他们没想到他会打种族牌阻止奥巴马成为"黑人总统候选人"，黑人同胞们也没想到他会这么做。最后，希拉里·克林顿以 14∶86 输掉在南卡罗来纳州的非裔美国人的竞选。随后，希拉里阵营就这次竞选中出现的问题召开了紧急会议，会议得出这样的结论：绝不可能因为任何种族问题击败奥巴马。与此同时，一名竞选密使还秘密地拜访了杰西·杰克逊，请求他写封信公开说明一下——事实上也确实没有大事情发生。杰克逊也表示，克林顿的话并没有冒犯到他，但委婉地谢绝了写一封公开信的要求。克林顿夫妇发现，这些年来他们小心、诚恳地建立在黑人中的良好基础正在逐渐瓦解。那些一直维护公民权利的老一代人也处于十分尴尬的位置。作为黑人同盟中的一员，纽约州的格雷戈里·米克斯（Gregory Meeks）对哈罗德·伊克斯说："你不会理解这是一个什么状态，就因为我们支持了希拉里，选民们称我们是'房子中的黑人'和'手帕领袖'。"同样，约翰·刘易斯（John Lewis，一位维护人权英雄，曾在 20 世纪 60 年代因策划非暴力游行抗议而被打伤。——译者注）作为示威运动中的英雄（在 60 年代，他曾在南方示威运动中再三受到袭击）和民主党的忠实代表，也转而支持奥巴马。

参议员爱德华·肯尼迪与比尔·克林顿进行了一次艰难的电

话会谈，指责他们在分裂竞选。克林顿对肯尼迪说："是他们先开始的。"肯尼迪反驳说："我认为那不是事实。"1月28日，参议员肯尼迪和他的侄女卡罗琳·肯尼迪——或许她的身份更重要——美国前总统约翰·肯尼迪之女，在华盛顿召开记者会公开表示支持奥巴马。为此，克林顿竞选团的助手们非常恼火，还曾就此责备过希拉里没有争取获得肯尼迪家族的支持。尽管工作人员多次催促，希拉里最后还是没有给卡罗琳打过电话以求获得她的支持。看到希拉里在舞台上那华丽的演讲和不屈不挠的个性，就知道她不愿意私下和捐赠人及支持者们联系。她也不喜欢以一对一的方式向别人施加压力。哈罗德·伊克斯认为，希拉里不是林登·约翰逊。

卡罗琳·肯尼迪从未支持过除肯尼迪家族以外的候选人，这次她却在《纽约时报》上发表了一篇题为《一位如同先父般的总统》的专稿。索利斯·多伊尔看了这篇文章后，拍案而起："哦，天啊！我们完了。"

鉴于竞选记录，奥巴马竞选团队并不担心种族问题会左右竞选结果。戴维·阿克塞尔罗德表示："我们可能损失一些选票，但我们也会因此得到一些选票，我认为种族问题不会决定最后的结果。"尽管如此，当谈到种族问题时，奥巴马竞选团队的工作人员还是表现得格外敏感和谨慎，就像种族的问题是一个最好不要去碰的话题。事实上，他们确实有理由担心种族偏见会成为影响竞选的一个因素，因为种族歧视往往表现得不明显，并且经常和其他偏见夹杂在一起。但对于奥巴马来说情况还算乐观，毕竟他是后种族人。尽管奥巴马本人总是对这个乐观的观点避而不谈，但不可避免的是，还是有人存在着严重的种族歧视。

众所周知，就种族问题做民意调查是相当困难的，因为几乎没有人会承认他们存有种族偏见。民意调查显示，有 10% 到 30%的选民认为种族问题将会是竞选中的一个重要因素。这些人中一部分是愿意投票给奥巴马的黑人选民，还有一部分是白人。几乎没有白人是完全的种族主义者，所以大部分人都会投给共和党人。从纽约州上部到南部偏远地区，这一带被称为阿巴拉契亚（Appalachia），这里的老年人和工人阶级对非裔美国人存有恐惧和愤恨。他们投票的动机往往复杂而难以理解。还有像俄亥俄州和宾夕法尼亚州这样的一些地区，他们没有明确的态度，且常常摇摆不定。正是因为有这样的选民存在，才能使竞选达到力量上的平衡。这些地区的人曾经非常忠诚于民主党的新政政策，但同时又在 20 世纪 80 年代的总统竞选中不支持里根，所以对于这些人来说，一定要抓住机遇让他们绝对忠诚。奥巴马的工作人员认为，无论是希拉里·克林顿还是秋季大选中的共和党提名者，他们都不会单单在种族问题上纠缠。就另一方面来说，他们也应该清楚，一个聪明的政治家不会去触及奥巴马的"异类"问题——这个来自异国的黑皮肤人和他的外国背景。他们只会用稍加遮掩的方式指出问题。奥巴马并没有分享他们的文化价值——他们可以把他塑造成一个哈佛杰出的人物，一位看不起私藏武器的专家，并且想把美国带向一个混血儿民族的人。奥巴马中间的名字是侯赛因（Hussein），他父系的穆斯林祖先也成为竞选中的问题。无论他澄清了多少次他是基督教徒而非回教教徒，但民意调查显示，从始至终有超过 10% 的选民认为奥巴马信奉穆斯林教。

阿克塞尔罗德认为，比尔·克林顿是通过对杰西·杰克逊进行评论的方式来引出种族问题的。在 1 月末的时候，他曾告诉记者：

"克林顿这么做是有企图的。"虽然阿克塞尔罗德有些偏执，但他完全相信当克林顿指出种族问题时，他们夫妇也非常担心其引发的后果。他告诉记者，希拉里的竞选就像大白鲨一样，水面看上去风平浪静，但……

对于这些，奥巴马看起来似乎仍不在意。11 月下旬，他约见了在公众生活中非常成功的黑人女性，她们自称"黑人女孩俱乐部"。这次午餐约会是由唐娜·布拉齐儿准备的。布拉齐儿不仅仅向克林顿夫妇提供意见，同时还会给奥巴马一些忠告。奥巴马说："就我个人来看，我不认为种族问题会成为一个话题，我也不想搞个人政治。"在南卡罗来纳州，奥巴马拒绝参加那些由来已久的、在黑人社区分发"零花钱"给竞选中的积极分子和牧师以便他们帮助笼络人心的活动。因为他认为那是见不得人的勾当。相反，克林顿夫妇却在不停地散发他们的好意和金钱。结果是奥巴马不仅赢得了黑人压倒性的支持，同时他还以高出对手 30% 的得票率赢得了南卡罗来纳州的胜利。媒体再一次把他当做是最有希望获得民主党内提名的人选。阿克塞尔罗德注意到，当奥巴马看到比尔·克林顿在南卡罗来纳州初选中的支持率在一周内下降了 17 个百分点时，他什么也没说。只是摇了摇头，然后微微一笑。

那是柴郡猫（常露齿嬉笑的猫。——译者注）似的笑容，但奥巴马不是一个幸灾乐祸的人。他没有表现出过分的兴奋或是幸灾乐祸。当阿克塞尔罗德看到他时，奥巴马也没表示出他有多高兴。奥巴马为人谨慎，如果为此就开始幸灾乐祸，那将是对他时间上和情感上的浪费。

奥巴马小心翼翼地保存他的实力。他不会像比尔·克林顿那样当托盘经过时什么糖果都拿，相反，他是个食欲不振的人。他做什么都很有节制。事实上，在跟随他的记者看来，他几近厌食。大多数候选人都会赢得十场胜利（或者十五场）。对于希拉里来说，她会在闹市区的酒吧里大口大口地喝啤酒，也会在白人选民的酒吧里狼吞虎咽地吃那些油腻腻的香肠汉堡，现在她正和自己的腰围作斗争。而奥巴马似在减肥，他总是很有规律地吃一些鲑鱼、米饭和绿花菜。在波特奇（Portage）的一家汉堡店里，他会边大口嚼着薯条边点4个汉堡打包带走。在明尼苏达州圣保罗的一家煎饼店中，他仅仅点了几张煎饼准备打包。一位美联社记者质疑：谁会带着煎饼走在街上啊？当时一个服务员一口气说了许多口味丰富的顶级煎饼，奥巴马却指着全家装酸奶桶说："我是个很传统的人，简单就好。"曾有记者开玩笑说，如果奥巴马吃一口那些汉堡或煎饼的话，他会马上关上他那辆运动型多功能汽车的门，回家吃自己准备的黑莓。记者们总是想方设法地找一些他的"丑态"，这着实使他沮丧，所以奥巴马不愿意面对媒体。当他处理完记者们无穷无尽的问题后，他总是拖着疲惫的身体回到家里，这时他也会表现得像在乡下的老爸一样，耷拉着肩膀去倒垃圾。

对他来说真正的放松和消遣就是打篮球了。在2月初的时候，一位记者也加入了奥巴马的篮球活动中，发现他的球队中有许多篮球好手，其中包括他妻子米歇尔的哥哥——克雷格·罗宾逊（Craig Robinson），他曾经是普林斯顿队的球手，现在就任于俄勒冈州立大学当篮球教练。还有一位是雷吉·莱夫（Reggie Love），他可谓是奥巴马的"替身"，是个万能的随从，他高6英尺4英寸，并且曾经在杜克队打过球。打球时只有奥巴马穿着长运动裤，似乎是在掩盖自己精瘦的腿。在篮筐下，奥巴马表现得完全不像平时的自己，他不会和其他人一样跑动要球，而且他的动作毫无规律，有时他在运球中会突然来个高难度的反弹传球，有时会在跑动中来个胸前传球，就好像一个陆军新兵在走队形一样。但是，奥巴马也会突然变得动作敏捷，他会抓住防守队员疏忽的一霎那来个胯下运球，然后闪过他们直接带球上篮。他常常做出这种机智、从容不迫的动作。

奥巴马的球队虽然不全是精英成员，但却是最富战斗力和竞争力的团队。为此，他的一位在伊利诺伊州做出纳的朋友亚历克西·吉纳力艾斯（Alexi Giannoulias），在艾奥瓦州党团核心会议的前几天在球场上和他大吵了一次。吉纳力艾斯回忆到，那次他的球队输得很惨，所以他就发疯似地对奥巴马大喊："我也想赢球！"奥巴马听他这么说，也生气了，他用少有的发火的语气说："我不在乎和谁打球，我和谁打都行！你想调换球队是吧？好，如果你愿意我们就换！"吉纳力艾斯非常生气，没有说话。他回忆说："然后奥巴马就给我他那招牌微笑。"吉纳力艾斯边说着，边模仿奥巴马的笑容——露出闪光的牙齿，眼角堆出些皱纹，下巴还微微地向内收着。奥巴马的这种笑容给人一股温暖的感觉，也让人解除了戒心。

虽然奥巴马本人在竞选活动中很少出场，但他那务实的妻子弥补了这点不足。米歇尔有她自己的行程安排，并开始在《观点》（The view）这类女性节目中频频露面。这样她可以通过节目来展现她是位有魅力的母亲，也是个普通的女人，同时，如果情况需要的话她还是个时髦优雅的女性。虽然她魅力四射，但对于一些选民来说，他们还是不能对她产生足够的信心。

米歇尔不像她丈夫那样是个苦行僧，相反，她经常光临芝加哥那些顶级时装店。在芝加哥，她最亲密的朋友拉克·惠特克

（Rucker Whitaker）说："米歇尔会在心血来潮时吃下整个芝士汉堡；她最喜欢香槟；她喜欢衣服，所以她总会买很多时装，同时她还喜欢各式各样的手提包和钱包；她还会去指甲店修指甲，去理发店做头发。总之，她女人味十足。"惠特克的丈夫埃里克曾是奥巴马哈佛求学时的朋友，常常和他一起打球。当她穿着 Soignée（尚牌）时装，站在胜利的舞台上时，那高挑的身材和美丽的容貌引起了一阵骚动，让人想起了 60 年代的第一夫人杰奎琳·肯尼迪。米歇尔先后毕业于普林斯顿大学和哈佛大学法学院，她不仅美丽优雅，而且聪明睿智、幽默风趣。如果说她丈夫是个严肃认真的梦想家，那么米歇尔就是个善于开拓的实践者，并常常喜欢开些玩笑、戏弄一下别人。毫无疑问，他们两个都富有无限的魅力吸引着人们的眼球。为此，记者常常开玩笑地问奥巴马到底经过多长时间战胜了多少对手才赢得了他的妻子？

因为在像密歇根州、俄亥俄州和宾夕法尼亚州这样的北方传统工业区，号称铁锈地带（Rust Belt），她的黑人特征会使那些摇摆不定但对竞选结果产生重要作用的人感到不安，虽然为数不多，但也不可忽略不计。米歇尔来自于芝加哥南侧，芝加哥由白人统治的政治机构特意将芝加哥分成了两部分——一部分视为白人区，另一部分视为黑人区，并由一条公路将该州隔开。所以在米歇尔成长的地方，种族歧视非常严重。她就读的普林斯顿大学在二战结束后就开始招收黑人学生，但是直到 20 世纪 80 年代初米歇尔上大学时，这个人才辈出的学校还在排斥着黑人。她的社会学系的毕业论文，就是讨论普林斯顿的非裔美国毕业生是否也认为"白人社会"更优等。在完全的学术形式主义下，她的论文写得很糟糕。她曾明确希望在毕业后被划分到白人的世界里。尽管如此，她最后还是这样写道："我希望自己仍生活在这个社会的周围，永远不要成为一个完全的参与者。"事实上，她成为了芝加哥一家很有名气的律师事务所的律师（奥巴马就读于哈佛时暑假在这家事务所实习，两人在此相识，后来奥巴马成了她的丈夫）。后来她又成为一家高级医院的主管人员。她从未忘记自己的根，当一些非裔美国人开始向她抱怨她丈夫不是一个彻底的黑人时，米歇尔会直接坦率地回答这个问题，并告诉那些芝加哥南侧的人们"停止荒唐的行为"。

在很大程度上，米歇尔·奥巴马是一位自信稳重的竞选者。但在 2 月末，当她丈夫在竞选中赢了一场又一场、一切顺利的时候，她却犯了一个错误。她曾对一位来自密尔沃基（Milwaukee）的观众这样说道："这是我成年后第一次对我的祖国感到自豪，因为我的人生又充满了希望。"共和党人迅速谴责她"从前不为她的祖国感到自豪"。第二天，米歇尔在集会上表示："我为我的国家感到自豪，如果你们之前听说过这些话，我不知道你的想法如何，但是我为我的国家骄傲。"右翼电台把米歇尔报道成是现代的安吉拉·戴维斯（Angela Davis）——一个 60 年代典型的黑人激进分子。但是主流媒体还是以种族问题作为诱饵，克林顿竞选团亦是如此。3 月份，马克·佩恩建议希拉里阵营把奥巴马"缺乏美国根基"作为攻击目标，同时在希拉里的竞选场地以尽可能多的美国国旗为背景。这更加巧妙地突出了奥巴马的"异类"的特点。面对希拉里阵营的这种做法，奥巴马只是一笑置之。

和奥巴马团队相比，希拉里·克林顿竞选团队的工作人员似乎更愿意相互中伤。为此，帕蒂·索利斯·多伊尔于 2 月 10 日被解雇，由玛吉·威廉斯（Maggie Williams）接替她的竞选经理一职。

这次职位变动曾引起过一片混乱的局面。

希拉里·克林顿竞选团队的工作人员都想认真工作，不愿再去听从竞选总发言人霍华德·沃尔夫森办公室里传出来的声音。只听沃尔夫森的助手菲尔·辛格（Phil Singer）大喊："他这是要毁了竞选！"没人确定"他"指的是谁，但大家都推断是指佩恩，因为作为策略长的佩恩总是和希拉里竞选团队中的其他重要顾问产生冲突。之后沃尔夫森说了些什么，但不是很清楚。接着辛格口无遮拦地说道："霍华德，都是你！"然后气冲冲地离开了办公室。政策主任尼拉·坦顿非常不幸正站在过道上，辛格对他也大声地喊道："还有你！"坦顿回应道："你也一样。"就见辛格站到椅子上，用整个作战室都能听到的声音说："这整个就是个阴谋！"当辛格一两周后从外地回来时仍在生气，并不断地咒骂着。为此沃尔夫森这样向威廉斯解释说："如果屋子着火了，你是请一位精神病消防员，还是干脆就不请消防员呢？这件事和这个道理差不多。"威廉斯曾经是比尔·克林顿的高级助手，她在政治上相当成熟，所以这次邀请她担任竞选经理。由于威廉斯曾远离政治，和她丈夫在长岛过了一段相当安逸的生活，所以当一位记者在后期遇见她时，她表示自己并不想参与到2008春季的争战中来。后来当新闻记者们不断地谴责希拉里试图以白人候选人的身份参加竞选时，作为非裔美国人的威廉斯表现得很丧气，她担心这种人种偏见的做法会对美国年轻人（无论是黑人还是白人），产生相当大的影响。

在经费方面，尽管这次竞选活动在到达艾奥瓦州之前就筹集了1亿多美元的资金，但克林顿竞选团长期处于资金短缺的状态。哈罗德·伊克斯在新罕布什尔州竞选结束后召开的会议中宣布：

"我们已经没有钱了。"虽然大家曾常常开玩笑说希拉里对四国集团商用喷气式飞机很感兴趣、马克·佩恩总是用民意调查和直接邮件为由报上大笔的账单，但是似乎没有人知道钱究竟花到哪里了。克林顿的一位高级助手告诉《新闻周刊》记者说："我们的捐赠人大失所望，尤其是对比尔·克林顿。针对他那些疯狂的举动，人们都说，如果希拉里在竞选中不能控制克林顿的话，她怎么能在白宫中控制住他呢？我们为此受到很大的打击。"竞选助手们建议克林顿夫妇在 2 月 5 日的超级星期二前用他们的私人财产贷款500 万美元，比尔·克林顿立即表示同意，但索利斯·多伊尔在希拉里的声音中感觉到她还在犹豫。当她四处奔走时，有消息传出说她正在用一些妇女们捐献的钱。

威廉斯接任竞选经理一职后不久，召开了一次全体高级工作人员会议。佩恩被邀请就最近一段时间的工作做一个报告。他不断重复希拉里的竞选口号——"美国的解决方案"，"美国已准备改变，希拉里准备带头"，"只要你选择我，当前一切问题都会解决"。佩恩就这样列举着那些长长的口号，但突然被卡住了，好像忘了词。"嗯，嗯，'为了变革，为了你们'……"只见下面一片寂静，然后便是低声窃笑，因为佩恩试图记起希拉里在各个州的竞选口号，想把它们融合在一起，但听起来如此的荒谬、混杂不清。"嗯、嗯……我认为希拉里……"佩恩的声音渐渐淡下，会议继续进行。

最后，也是佩恩提出在 3 月初的俄亥俄州和得克萨斯州竞选前夜做一次宣传，因为那时对希拉里阵营来说是决一死战的时刻。宣传过后，电话就响个不停。伴随着那不祥的音乐，这次宣传活动使那些没有安全感的母亲变得更加担心，因为这些人曾因受到"9·11"事件的影响，而在 2004 年大选中鼎力支持乔治·布什。

佩恩把这次的宣传活动称作"变革的 3 点钟国家安全热线"。 曼迪·格伦沃尔德是希拉里的形象顾问，也是此次竞选活动的宣传活动负责人，他曾极力反对佩恩的做法。所以当有人在高级员工会议上说"真棒的宣传"时，正在用免提听电话的格伦沃尔德会立即挂断电话说："这是马克·佩恩做的，不是我的宣传。"

3 月初，希拉里阵营的士气一直处于低潮期。但令人难以置信的是，这次竞选在奥巴马的龟兔策略下产生了意想不到的结果。希拉里在超级星期二那天赢得了包括纽约、加利福尼亚、新泽西和马萨诸塞州在内的一些大州的选票，而奥巴马在一些较小的州内赢得了代表选票，这些州一般都召开了核心会议而且他做足了准备。在超级星期二那段时间召开的一次会议中，伊克斯再一次讲解了比例代表制的一些理论。前总统克林顿说："哦，这真是地狱，我 1992 年竞选时就没有这个东西。"伊克斯后来说："我几乎从椅子上掉下来，因为这个制度在那时就已经存在了。"伊克斯还向记者们抱怨说，佩恩甚至不知道加利福尼亚并不是一个胜者可以为所欲为的地方，而佩恩却否认此事。

虽然过程艰辛，但希拉里最后还是取得了俄亥俄州和得克萨斯州的胜利，这使她再一次逃过被淘汰的危险。对于奥巴马来说，这样的结果却困扰着他。因为他在 2 月份时已经去过工业化的威斯康星州，并且赢得了当地老年人和蓝领爱好者的支持，这其中有黑人也有白人。但在俄亥俄州的竞选中，他和希拉里票数的差距又出现了，希拉里成为了老年人和白人工人阶级的宠儿。虽然希拉里本人和她阵营中的高级工作人员及顾问都极力避免"种族迫害"这个问题，但奥巴马阵营怀疑克林顿竞选团指使其他人做了这种肮脏的事，也怀疑他们操纵了一些代理人和底层媒体做小动作。其中一张奥巴马穿着索里马人衣服的照片被泄露给了《德拉吉报道》。克林顿的代理人俄亥俄州的斯蒂芬妮·塔布斯·琼斯（Stephanie Tubbs Jones）（一个非裔美国人）用讽刺的口吻说，奥巴马不用感到惭愧，因为他穿的是他"本国的衣服"。在俄亥俄州的扬斯顿市，国际机械师工会主席表示支持希拉里。工会主席汤姆·布丰巴尔格（Tom Buffenbarger）给予奥巴马重击，他在希拉里的集会上大声宣布："我已从拿铁咖啡、普锐汽车及柏肯鞋的信托基金宝贝得到消息，他们都将前去听奥巴马的演讲，看他怎么公开针对机械业！"记者发现在浴室中张贴了很多抨击性的打印版的"奥巴马是穆斯林人"的电子邮件。奥巴马不是一个会责备别人的人，至少他从不明显地大声责备别人。他的团队在得克萨斯州花了 2 000 万美元却没有成功，事后，奥巴马和他的团队成员们一起分析了失败的原因，却没有特别责怪某个人。他的竞选总部在密歇根大道上，当他站起身准备走出会议室时，转过身说："我没有吼你们。"他继续走了几步，又转过身来说："当然，在两周内花了 2 000 万美元，我确实应该对你们大吼，但……"他顿了一下，继续说："我并没有吼你们。"他笑了笑，然后走了出去。

面对 3 月中旬播出的杰拉米亚·赖特长老牧师（Rev. Jeremiah Wright）对美国政治的一些批评，奥巴马必须以冷静的态度来处理此事。此事引起了不少争论，当人们的争议渐渐平息后，奥巴马给出了他对此事的看法，他看起来有些迷茫失望并略有防备。奥巴马的顾问们意识到赖特牧师是奥巴马总统竞选道路上的一个严重威胁。对于奥巴马，这位脾气火爆、虚荣的牧师确实成了他烦恼的源泉并深深触痛了他。

奥巴马告诉《新闻周刊》的记者，他从一开始就知道赖特牧师会成为他竞选道路上的障碍。奥巴马回忆，当 2007 年 2 月他宣布参加竞选时，赖特牧师就在《滚石》（Rolling Stone）杂志上发表过一些具有煽动性的言论。尽管如此，他还是不想与赖特断绝关系，因为长期以来奥巴马一直视这位神父为他的"叔叔"，而且也是赖特神父把奥巴马引进基督教，让他认识到了教堂作为一个社会组织者发挥了怎样巨大的作用。赖特还是奥巴马夫妇的证婚人及他两个女儿的受洗礼牧师。奥巴马又说到，虽然他成为"三一联合基督教会——赖特教区"的居民几乎 20 年了，但他周日经常和家人们一起做些其他的事情，而不是去做礼拜，所以错过了赖特牧师的很多布教活动。

当奥巴马在《滚石》杂志上读到赖特发表的一篇文章时（该文以《奥巴马的根》为题讨论美国种族歧视问题），立刻意识到"情况不妙了"。按照原计划，赖特几天后要在奥巴马竞选发布会典礼上，在位于首府斯普林菲尔德的伊利诺伊州州议会大厦内作开篇祈祷。奥巴马不希望赖特的教会卷入政治中，所以他打电话给赖特说："今天的发表会将有 500 名记者到场，如果不想被记者的话筒打伤的话，你应该知道祈祷词里该讲些什么不该讲些什么。"虽然赖特总是喜欢发表各种言论，但这次他倒乖乖地听话了。奥巴马后来回忆说："我知道那次的事情令他很失望，可能因此他才生气的。"

赖特牧师并没有安静多久，他随后就对《纽约时报》的记者讲述了他和奥巴马之间的事情。他回忆道，一位顾问曾说服奥巴马取消对赖特牧师的邀请，奥巴马的确和他说过这样的话："你传教布道已经很辛苦了，所以经过我们讨论决定，你最好不要再出现在公众面前了。"赖特并没有听从奥巴马的话，而是继续作些评论、发表一些言论，为此奥巴马虽略有怒气，但并未立即与他决裂。奥巴马向记者回忆说："因为他马上要退休了，并且我也向社区教会保证过……我只是本能地想让他远离政治，以免成为众人的焦点。"奥巴马曾这样告诉过他的工作人员："我们得密切关注赖特牧师的每一次布道活动，因为这可能成为一个大家争议的焦点，也可能成为对我们有利的言辞，至少我们得知道要面对什么问题。"后来他又说："但我们从未这样做过。"

平日里小心谨慎的奥巴马阵营这次可犯了个大错误。阿克塞尔罗德对《新闻周刊》的记者说："我负责跟进赖特牧师的每次布道活动，但我没把这个任务完成好。"他不断地责备自己没有检查好赖特的布教活动。结果，2008年3月13日星期四的晚上——那大概是在得克萨斯州和俄亥俄州竞选两周后——美国广播公司播出了赖特布道的视频剪辑，当时奥巴马阵营都傻眼了。录像显示，在"9·11"事件后周日的布道会上，赖特宣称美国遭受"9·11"恐怖袭击是罪有应得。他还宣称："上帝诅咒美国！《圣经》里就这样诅咒那些杀戮无辜百姓的人。上帝诅咒美国！"

当赖特布道的视频播出时，奥巴马正在处理另一个混乱的局面——他和托尼·雷兹科（Tony Rezko）之间的事情。托尼·雷兹科是一位地产商，但最近因贩毒和敲诈贿赂立法人员等几项罪名被裁定有罪。奥巴马必须解释清楚和雷兹科之间的关系。奥巴马说他于2006年向雷兹科买了位于他芝加哥家附近的一块房产——这完全合法。虽然奥巴马也付了一个非常合理的价钱——但就像他表示的，任何人和雷兹科这样有影响力的商人交易看起来都不是好事，尤其是他这样变革的政治家。所以，3月份赖特牧师布道的视频在有线电视台无限循环播放的那个晚上，奥巴马正计划前往芝加哥就雷兹科事件向媒体解释清楚。3月14日，他到达了《论坛报》大楼后，在近3个小时的盘问中，他表现出了极度的耐心，可谓有问必答。

奥巴马当天已经筋疲力尽了，但当晚他还是对戴维·阿克塞尔罗德说："我想就种族问题发表一个演说。"阿克塞尔罗德的本能反应就是让奥巴马离赖特牧师越远越好。其他的高级工作人员也提醒他不要做任何关于种族问题的声明。奥巴马阵营无论是在公开场合还是在阵营内部都尽量避免涉及种族问题，其中只有瓦莱丽·贾勒特偶尔会提出在竞选中应该具备阶级意识，她坚持认为奥巴马应该在艾奥瓦州的竞选宣传中加入一些黑人和白人的照片。其他人也认为，如果奥巴马能发挥得当，他那黑人和白人的特殊背景将是他的一大长处。如果黑人选民把他当黑人候选人固然不错，如果选民认为他是具有双人种的候选人那更是再好不过。但竞选经理戴维·普罗菲认为种族问题只会使人分心，现在奥巴马的主要任务是获得更多选民的支持，获得更多代表们的支持。他不想奥巴马的竞选过程被定义为种族政治。

奥巴马对于自己什么时候强调是黑人、什么时候不这样强调似乎有着天生的直觉。当他面对黑人选民时，他会用低沉的声音说话，这样看起来更亲切随和；而面对白人选民时，他则多用鼻音，充满了赞扬之意，给人深思熟虑从容不迫的感觉。他知道怎样表达那些对种族问题含沙射影的话。他借用了马尔科姆·艾克斯（Malcolm X）的话提醒黑人选民们不要相信网上的谣言（其中一则说他用《古兰经》发过誓）。1月份，奥巴马在南卡罗来纳说："那些谣言只是在迷惑你们，是坑蒙拐骗的老把戏，你们都知道坑蒙拐骗吧？……他们想尽办法隐瞒事实，想尽办法欺骗大家。"他好像突然发现自己说错话了，然后就转移话题说："我在这里过得很愉快。"奥巴马也知道什么时候和黑人民主人士保持距离。面对瓦莱丽·贾勒特的反对（她担心他会因此疏远黑人选民），奥巴马在秋季竞选的一次辩论会上公开指责穆斯林领导人路易·法拉克汉（Louis Farrakhan）。而赖特的一系列布道问题也需要面对，并给出圆满的解决方法。但是怎么解决呢？奥巴马阵营内部工作人员就此问题展开过讨论，没有人真的知道该怎么做，但奥巴马本人知道。追溯到 11 月份，尽管他当时轻松地和唐娜·布拉齐儿及她的"黑人女孩"们说他不会提及种族问题，但事实上他自己的身份本身就是问题的中心，他也清楚自己早晚要和选民们讨论这个问题。近几个月来，奥巴马一直在思考着就种族问题发表一次讲话，现在时机终于来了。奥巴马自己会掌握好时机并明确此次演讲的目的，他知道赖特的言论会引起种族忧虑，而这很可能成为此次竞选的"肿瘤"，除非切除它才能保证一切顺利进行，而他自己是这个手术唯一一位技术精湛的医生。

接下来，奥巴马用了整整三个晚上写了这篇演讲稿，演讲地点定在费城的美国宪法博物馆。这个长达半小时的演讲只有奥巴马才能完成得如此出色。他吸取了他母亲真诚的建议——以宽容的心去包容别人，要看到人们好的一面。奥巴马就有这样的能力，通过演讲，他使白人和黑人消除了彼此的愤恨——他可以唤起黑人在多年压迫下的恐惧之情，也可以讲出白人（包括他祖母）在街上看见年轻黑人的内心恐惧以及白人对黑人在工作和学校得到更好机会的怨恨。最后他以一位黑人老人和一位年轻白人姑娘和解的感人故事结束了这个演讲。

当他走到宪法博物馆后台时，他发现他的妻子、朋友及那些坚强的助手们都泪流满面。只有他自己还保持着冷静。就连他的随从人员阿克塞尔罗德和前副检察总长埃里克·霍尔德（Eric Holder）也都激动得说不出话来。在接下来的整个周末，奥巴马都表现得非常镇定，有时他也会参加些不太刺激的娱乐活动。当奥巴马一家和他的助手们吃饭的时候，他的球友兼好友马蒂·内斯比特打来电话说："我说伙计，你这真是因祸得福啊！"奥巴马把电话拿开，然后对着正在吃饭的伙伴们说："内斯比特说这真是因祸得福。"在电话的另一头，内斯比特可以听见大家的笑声，然后激动地说："真的，我们真的是因祸得福。"奥巴马答道："好吧……"然后内斯比特听见更多沙哑的笑声。

这次演讲的成功确实让他们因祸得福。赖特实在是为奥巴马提供了一个绝佳的机会，让他对那些底层民众在背后风言风语的议论做出直接回应；同时他还提供了一个捷径，让奥巴马可以将一个难以让人坦然面对的问题（这里指种族问题。——译者注）推到了重要的国家议题的高度。而奥巴马也表现出了自己冷静而良好的判断力。尽管如此，在细读完这篇演讲稿之后我们还是会发现奥巴马有些个人夸张之嫌。他在演讲稿中给选民们这样一个选择的机会：他们可以继续停留在民族问题这个僵局中，或者选择跳出这个僵局——投票给他。在演讲稿中他说：

> "我们可以每天在各个频道播放赖特牧师的布道时况，从现在直到大选日继续评头论足……我们可以猛烈抨击希拉里一位支持者的某些失言口误，以此证明她在打种族牌；或者我们可以揣测，白人男子是否会在大选期间全体投向约翰·麦凯恩，不再考虑他提出的政策……我们可以这样

做，不过，如果我们真的这样做，我可以告诉大家，下次选举时，我们会谈论其他一些细枝末节性的话题。于是就会有下一次，还会有再下一次。结果则是一成不变。"

但此时此刻如果你把票投给他，奥巴马强烈地暗示到，那么白人和黑人就可以一起处理国家正面临着的巨大的挑战——一起讨论医疗、教育、内需和战争等各种问题。当说到这个的时候，奥巴马就表现出了如同奥普拉所狂热推崇的"非你莫属"的气派。虽然在整个演讲过程中，奥巴马想要尽量表现得谦逊："我从来没有天真到以为单凭一届选举、单凭一名候选人参选，就能超越种族差异，更不用说是像我这样并不完美的候选人了。"但是这句话中所隐含的意思是：能够解决这个问题的人"非我莫属"——选择我吧，否则这历史性的一刻可能会一去不复返。

希拉里阵营小心翼翼地避免利用赖特与奥巴马的纠葛去攻击他。在克林顿的竞选总部，哈罗德·伊克斯接到了《谈话要点备忘录》（*Talking Points Memo*，杂志编辑乔舒亚·马歇尔于2000年创建该网站专门揭露政治阴谋。——译者注）记者格雷格·萨金特（Greg Sargent）的电话。《谈话要点备忘录》是新一代的博客媒体，它有足以撼动传统媒体的影响力。格雷格·萨金特想知道赖特到底有没有和超级代表们进行过对话。超级代表是由党内领导和国会民主党人士组成的，他们是希拉里·克林顿最后的希望。从理论上说，至少他们可以保住希拉里候选人的资格，虽然这样他们可能有违普选民意。伊克斯每天都和超级代表们联系，试图以此获得他们的支持。他告诉格雷格·萨金特说，超级代表们也非常关心赖特牧师的情况。而他却很快接到竞选经理玛吉·威廉斯的电话，她表示他们没有必要谈论赖特牧师的事情。

希拉里·克林顿相信奥巴马和白人工人阶级选民的问题使他不能竞选成功。当她接到超级代表比尔·理查森（Bill Richardson）的电话说他被迫支持奥巴马时，希拉里对着电话大喊："比尔，他不可能赢的！"比尔·理查森是新墨西哥州州长，非常受拉丁美洲移民的欢迎。克林顿夫妇曾努力培养和理查森的友谊，比尔·克林顿曾和理查森一起去看橄榄球超级杯大赛。摄像机曾拍到这样的画面——两位有些偏胖的中年男子正在看一场球赛，但两个人似乎都因为彼此的陪伴而感到不舒服。最后，理查森还是支持了奥巴马。作为克林顿忠实的支持者，詹姆斯·卡维列谴责理查森是个叛徒。

克林顿夫妇重返白宫的梦想正在一点点破灭。但奇怪的是，直到 2008 年春季，希拉里·克林顿发现她的呼声依然很高。民主党的民意测验家吉夫·伽林（Geoff Garin）回忆说，党内都希望竞选可以以和平有序的方式结束，但支持希拉里的选民们表示"不要放弃"。在得克萨斯首府奥斯汀的辩论中，希拉里给那些比她还坚强的选民们一个感人的结束声明。尽管她声音沙哑，睡眼惺忪，但在全国的演讲中还是表现出了她的机智和优雅（这次她和她的工作人员及媒体记者包了一架普通的飞机——而不是私人商务喷气机）。4 月份，她吹牛说自己曾在她丈夫任职期间内在狙击手的保护下到达巴尔干半岛，想以此来证明她是位久经沙场的全球和平协调者。但是有录像显示，她到达巴尔干半岛的那天，当地小学生在柏油路上列队欢迎。为此，媒体大肆嘲笑她，她也因此丧失了扳回选票的机会。而奥巴马自己也出现了过失，他告诉旧金山的一些筹资者，宾夕法尼亚州的工人阶级有些人拥有枪械，他们渴望摆脱"困苦"。奥巴马这个即兴的话语有些是事实［专栏作家麦克·金斯雷（Michael Kinsley）这样写道：对政治家来说，"出丑"的含义就是实话实说］，但对于工人阶级中那些骄傲的忠实的武器拥有者来说，奥巴马是错误的而且是为了讨好那些富商。这个"困苦"的言论产生了长期的负面影响，人们都认为他是个讨厌的势利小人而使他和工人阶级分离。

竞选就这样进入了僵持期，对于希拉里·克林顿来说，她几乎无法战胜奥巴马，但她还没有放弃；而对于奥巴马来说，由于希拉里未宣布退出竞选，所以他不能得到最后的提名。在 4 月末的时候，奥巴马出现了他的低潮期，因为赖特神父再一次意外地出现了。首先，赖特在公共广播公司（PBS）接受了主持人比尔·默亚斯（Bill Moyers）的采访，接着抨击了全国有色人种协进会（NAACP），最后在一群追捧者欢呼黑人牧师的情况下，赖特牧师在国民新闻俱乐部（National Press Club）进行了一次很过分的演讲。他使尽全力地把人们的目光再一次拉到了他和他委屈困苦的状况上。《纽约时报》电视批评家亚莉珊德拉·斯坦利（Alessandra Stanley）评价他的演讲为"一部丰富的美国黑人史，包括许多圣经经典、赞美上帝和诠释学"。面对这次直播事件，微软全国广播公司（MSNBC）让戴维·阿克塞尔罗德发表评论，阿克塞尔罗德疲惫地说："他做的一切都只代表他个人，我们对此毫无办法。"

埃里克·惠特克（Eric Whitaker）是奥巴马的好朋友，他在芝加哥看到了电视转播。惠特克说："那天晚上我打电话给他（奥巴马），告诉他真的应该看看那段录像。后来他跟我说他不知道能否去看，因为那对他来说太痛苦了。"

一周后，距印第安纳州和北卡罗来纳州竞选的日期没剩几天时，奥巴马参加了史蒂维·旺德的音乐会，然后转而去了北卡罗来纳州的一家工厂工作到很晚。惠特克和另两位奥巴马的朋友马蒂·内斯比特和瓦莱丽·贾勒特也去支持他。贾勒特回忆说："那时他处于低潮期。"他们四个人站在细雨和泥水中等待这个工厂的工人。当时他非常痛苦，但还在苦苦挣扎。内斯比特发现他焦虑烦躁，完全没有了平日的冷静。惠特克回忆着："奥巴马当时好像是在竭力控制自己，但那时他也和别人一样发狂了。"三位好友尽力说着不算玩笑的笑话，想使奥巴马的心情好起来。内斯比特说："我们只使他笑了短短一分钟，他只有笑的时候才能勉强使自己不哭出来。"接着阿克塞尔罗德来了，宣布说："印第安纳州的民意调查结果相当相当地糟糕。"随后每个人都大声喊："加油！"

尽管在印第安纳州他以小比分输给了希拉里，但在第二天晚上的北卡罗来纳州的竞选中他以大比分战胜了她。被同辈们喻为圣人的国家广播公司（NBC）主持人提姆·拉瑟特（Tim Russert）宣布："现在我们终于知道民主党的提名人是谁了，此事再也不必争论了。"但是直到希拉里·克林顿宣布投降，事情才算告一段落。

然而希拉里决定竞争到底，因为她希望超级代表们会相信只有她才能战胜共和党候选人，从而转而支持她。很明显，奥巴马并没有陷入希拉里的理由中。在希拉里竞选总部有着"奥巴马没戏"这样的竞选标语：不要参与，不要激化，不说也不做任何暗示希拉里没有权利完成竞选的话。在一个电话会议上，有人说："我们只要咬紧嘴唇，什么也不说。"宣传部的吉姆·马戈利斯（Jim Margolis）大声说："好吧，但我的嘴唇已经破了。"

奥巴马摆脱了他对赖特的失望情绪，继续他的竞选，赖特已经明显地表示不愿再向奥巴马投资，转而向麦凯恩阵营倒戈，这些钱本可以用来对付约翰·麦凯恩的。5月20日，他站在艾奥瓦州的首府得梅因的社区历史博物馆的舞台上，因为那晚将进行俄勒冈州（在这个自由州他获得了全胜）和肯塔基州（这是阿巴拉契亚地区另一个让人气馁的结果，他上周在西弗吉尼亚以41票之差输给对手）的初选。尽管克林顿还没有放弃党内的初选，但结果已经很明显，所以他想回到他取得第一个胜利的地方作一篇非正式的演讲，作为他秋季竞选的开始。奥巴马淘气地对米歇尔说："看，你这个皮带扣真有趣。"她假装生气地说："我站在你旁边才更有趣。蓝西装、白衬衫外加领带，好搞笑啊！"奥巴马笑了一笑，然后弯下腰来直到他的眼睛对准她的腰，用他的手指戳了戳她的皮带扣，一副坏坏的表情。然后尖叫到："锂晶体！把我送出去，斯考蒂。"（电影《星际迷航》中的台词。——译者注）接着对自己讲的蹩脚的笑话哈哈大笑，米歇尔翻了翻眼睛。

6月3日是党内初选的最后一天，奥巴马最终获得了足够的代表支持而成为提名人。午夜时分，奥巴马的飞机离开了明尼苏达州，这个在11月份大选时将全力奋争的地方，他刚刚做完一场鼓舞人心的演说。如果需要开个聚会庆祝一下的话，那就应该选择现在。吉姆·马戈利斯对奥巴马说："真是个不错的夜晚，你现在已经是提名人了，要不要喝杯啤酒？"奥巴马刚要说好，紧接着顿了下说："我们喝三杯就醉了，我明早还要去'美以公共事务理事会'（AIPAC），今晚就不喝了吧。"马戈利斯说："那我就喝两杯得了。"奥巴马非常担心以色列公共事务委员会的问题。在11月份的竞选中佛罗里达州会是一个摇摆不定的关键地区，在那里，一些年长的犹太人告诉记者说他们还没准备好投票给一个非裔美国人。

真正的竞选才刚刚开始。

奥巴马在为德国柏林的演讲做准备，届时将有 20 万人前来参加。
(照片提供：《新闻周刊》查尔斯·翁曼尼)

参选之战

Going into Battle

麦凯恩的核心集团对竞选风格和走向作出了调整，候选人最大的愿望就是把奥巴马推下台。

麦凯恩生来就不是一位到处发表政治演讲的演说家，连从提词器上读取演讲词也有困难。而且，他总是在不恰当的时候发出奇怪的笑声，有时想要露出友好的微笑，笑容却很僵硬。在竞选初期的一次辩论中，当他论及在伊拉克英勇抗敌时，他笑得有些无所顾忌。麦凯恩也有情绪不好的时候，而且他从不掩饰自己的情绪。麦凯恩的一位顾问曾用"让人头疼"一词来形容这位总统候选人。他的意思是麦凯恩的演讲风格很容易受他的情绪左右。有时，麦凯恩看起来会很激动，也容易被激怒（尤其是受到他的旅行同伴林赛·格雷厄姆的影响），有时他也会显得表情木然，或者闷闷不乐。麦凯恩看到自己那些枯燥的投票数据时觉得厌烦不已，但在媒体上看到其他人的投票数据时，他又感到焦虑不安。

他的竞选班子试图让他远离那些过于刺激的消遣，但是根本行不通。在竞选经费紧张时期，麦凯恩会买打折机票乘坐捷蓝航空公司的飞机，此时，如果他座位前的屏幕上播放着政治谈话的录像，他也会马上绷紧神经，正襟危坐。

2008 年春季，麦凯恩不稳定的演讲风格总是让他的助手有很强的挫败感。他们知道，只要麦凯恩愿意，他会表现得十分诚实坦率，丝毫没有警戒心。但是他那种近乎固执的诚恳（或者你也可以认为是幼稚的固执），既是一种责任，也是一种美德。当麦凯恩不喜欢别人为他写的演讲稿时，他内心深处的淘气细胞就会出现，然后暗自篡改他的演讲稿。

麦凯恩这种颠覆传统的本能经常会出现在他的演讲稿中。在2000年南卡罗来纳初选之前，为支持联邦的国旗飘扬在州政府的上空，他发表了一番演讲。原本他应该从口袋中拿出演讲稿，但显然他并不相信演讲稿上所说的，并为他的执笔人感到惭愧。他的助手也无法告诉他该怎么做，因为这样的行为可能会引起骚动。当麦凯恩的注意力分散或者焦躁不安时，他也会玩起高中时期的恶作剧，不过这样的情形只是偶然发生。在肯塔基州的一次新闻发布会上，他看见一位丰满的女士站在摄影师身旁，她上身穿一件黑色的T恤，上面绣着两个让人目眩的马提尼酒杯。麦凯恩邀请她站在他身旁的演讲台前，这样她会更上镜。"这样可以吗？"他问道。"可以呀！"那位女士回答道。但是当她看见无数的相机和嘻哈做笑的记者时，她受到一些惊吓，而且感到有些尴尬。她想要悄悄溜走，这时麦凯恩假装流露出一脸的孤独，说道："你要离开我吗？"

2008年4月，麦凯恩在他的母校——美国海军学院做了一场题为《服务美国》的演讲。观众是经过挑选之后被邀请来的，美国国旗也很荣幸地担当他的背景。但是与巨大的会场相比，观众显得很渺小。而且国旗拍打得很猛烈，还时时发出噪音。由于早晨的太阳照耀在演讲词提示机上，麦凯恩无法看清楚上面提示的演讲词，只好依靠那篇手写的演讲稿。他艰难地继续着自己的演讲。但是就在他翻页抬起头的那一刻，风刮走了讲稿的第二页。麦凯恩照着讲稿继续念下去。等到他念完时,为时已晚了。不过到最后,这并没有关系,他的演讲本来就很不连贯。真正注意到这事的只有那些记者,他们的笔记本还有黑莓手机上有这篇演讲稿的文本。

麦凯恩原本有一项优势,早在3月他就被确定获得了共和党竞选人的提名,而奥巴马和克林顿还要继续苦等3个月。但是大部分的媒体都忽略了这位共和党的竞选人,而且由于事前准备工作没做好,加上他的表现平平,这一切都使得他的竞选举步维艰。有时,麦凯恩也会觉得他的竞选班子无计划性的工作很有趣。他会开玩笑地说:"我们拥有润滑良好的机器。"在佛罗里达州的一次新闻发布会上,麦克风不断掉落,麦凯恩假装生气地说:"这是一个阴谋!"

麦凯恩在演讲方面的问题和马克·索尔特有关,他是麦凯恩的演讲稿撰写人,也是麦凯恩最亲密的顾问。麦凯恩最畅销的两本书《将门虎子》(*Faith of My Fathers*)和《为何勇气更重要:迎向更勇敢的生命之路》(*Why Courage Matters*)就是和索尔特合著出版的。索尔特想要把麦凯恩塑造成书中的英雄人物。所以他为麦凯恩写了华丽雄辩的演讲,当中那些夸张的辞藻总能激起大公无私的精神和爱国主义的情怀。然而,在竞选的过程中,当这些感性的话语从麦凯恩的嘴里冒出来时,比其他任何一位竞选人都来得生硬矫情。麦凯恩可能相信"索尔特照麦凯恩的理想来写作"这样的竞选神话。不管怎样,麦凯恩想成为索尔特帮他塑造的英雄形象,也尝试让自己听起来像那样的一位英雄。但是如果他感到无聊或者心猿意马时,他会像一名尽职的学生背诵拉丁文那样,带着信心和热情去看索尔特所写的那些语调崇高的辞藻。

索尔特和麦凯恩的关系很密切,也很复杂。索尔特应该感激麦凯恩。他用他们合著的书所赚来的钱在缅因州买了第二套房子。而且，他是在参议员的办公室遇见他的妻子黛安娜（Diane）的，她那时是一名计划员。某种程度上，索尔特是崇拜麦凯恩的，但他知道不要去讨好麦凯恩。事实上，他知道吸引麦凯恩注意力的最好方法就是摆出漠不关心的样子。索尔特有信心和麦凯恩对抗——与其说他们的关系像父子，还不如说像兄弟。索尔特了解麦凯恩的想法，并可以用文字将它们表达出来。他认为自己比任何人都了解麦凯恩。其实，他从未真正了解麦凯恩的内心，实际上，没有任何人曾做到过这点。

为总统竞选在全国奔波旅行很让人振奋，但也会让人筋疲力尽，或者会让人迷失方向。接连几个月，竞选的助手要远离他们的家庭，拎着手提箱东奔西跑，每天吃着垃圾食品，喝大量的酒。竞选飞机的后半排座位总是坐满特勤局的探员，他们的任务是保护候选人不被暗杀。还有很多记者的任务是要抓住竞选人犯的错误。所以，这也难怪不时有竞选助手在晚上去酒吧狂欢。

索尔特的酒友是史蒂夫·施密特。在竞选活动的早期，他们会一起喝到深夜，为新闻发布会的糟糕和奥巴马的肤浅而情绪激动，醉醺醺地嘲笑奥巴马是"救世主"（他们看过莫琳·多德的专栏，这位《纽约时报》的女记者用其犀利的笔锋嘲笑奥普拉·温弗瑞奉承奥巴马为"救世主"）。受施密特的挑唆，索尔特严厉地指责新闻舆论忽视麦凯恩，而把奥巴马奉若神明。"麦凯恩去伊拉克，他们只会取笑他；奥巴马去欧洲，却有 3 名主持人和 200 多名记者跟随，他们把它称为拯救美国名誉之旅，还把这段旅程写入历史。"每晚和施密特一起酒足饭饱之后，索尔特总会这样刻薄地评论《新闻周刊》的记者。索尔特和施密特就像奇怪的一对。尽管很有讽刺性，但是索尔特是一个人道主义者，即使他认为记者有很多瑕疵，他还是把他们看做是陷入理想主义和犬儒主义之争的人。施密特更喜欢把世界看做一部黑白片；代表个人的记者还是可以忍受的，甚至也会让人喜欢，但是新闻媒体就是敌人了。索尔特脾气很糟糕，这可以从他指责记者的邮件中看出来。在一封写给《新闻周刊》主编的邮件中，他这样结尾："你们根本就是在胡编乱造。"施密特疯狂起来的时候也还是很认真，他会小心谨慎地指责那些冒犯他的人。

施密特参加了布什－切尼2004年的竞选活动，当时他是一名中级职员，负责管理"快速抢答单元"。施密特很希望加入"早餐俱乐部"会议，这个具有排他性的会议是由布什的策划人卡尔·罗夫（Karl Rove）负责的。最后施密特加入了这个会议，因为他很了解"对手"的情况，在竞选时能很快从"对手研究"的文件中找到对手的弱点。因为他的光头和率直的行为方式，罗夫给他起了个绰号"子弹"。施密特成了一本会行走的研究约翰·克里和其他竞选人的书。施密特把他的工作信条归结为7个P（Proper Prior Preparation Prevents Piss-Poor Performance），即事前的适当准备可以避免不良表现。

负面竞选的历史与联邦的成立一样悠久（杰弗逊使用抹黑策略击败了亚当斯。——译者注），但是在现代的国家竞选中，共和党似乎比民主党更善于玩这个游戏。一本攻击民主党候选人的剧本至今还常有人翻阅。最初的作者是尼克松，早在1950年和竞争者海伦·加黑根·道格拉斯（Helen Gahagan Douglas）一起竞选美国参议员时，他说海伦"连内衣都是粉红色的"，从而成功地给他的对手打上了共产主义拥护者的烙印。尼克松曾承诺不会采取人身攻击的手段［他也因此得了一个叫"诡计迪克"（Tricky Dick）的绰号］。他擅长于把崇高的言辞和卑鄙的勾当混为一谈。1968 年，为呼吁那些因为害怕黑人犯罪和学生动乱而沉默的大众，这些手段都成为他的竞选策略。20 世纪 80 年代，传奇的共和党侦探李·阿特沃特（Lee Atwater）喜欢采用令人害怕的政治手段。阿特沃特这台机器的主要零件就是威利·霍顿（Willie Horton）的广告。这则广告暗示选民，民主党人迈克尔·杜卡基斯会对罪犯采取软弱态度：因为作为马萨诸塞州州长，他曾赞成犯人暂时归假的计划，这项计划会让已定罪的强奸犯再次强奸他人。虽然施密特并不像阿特沃特那般恶毒，但是他也知道，如果能把对手的一些微小琐碎的缺点突现出来，然后再去攻击这些缺点，就会产生巨大的效果。

施密特讨厌媒体称他为罗夫的信徒。他从不认为自己是散布恐怖心理的人或者是黑暗魔法的实践者。事实上，他也有温柔活泼的一面。他会说有趣的故事，比如说，被加利福尼亚家中的蛇吓到；疯狂地想念他的妻子和儿女；和他们一起唱迪斯尼童话电影《魔法奇缘》（Enchanted）中的歌曲。2004 年的《新闻周刊》在特殊竞选事件的报道中把他描写成精明的政治机器人。沮丧的施密特向他的朋友、布什的外联部长尼科尔·华莱士（Nicolle Wallace）问道："人们真的是这样看我的吗？肥胖自私的秃头？"施密特会假装坚强，"从现在开始，和恐怖有关的东西，我都可以接受。"2008 年春季，竞选活动在媒体面前明显缺乏逻辑能力，施密特把此事严肃地告诉了索尔特。然后在告诉《新闻周刊》的记者时，他笑得喘不过气来。但是，当他注意力集中起来的时候，他会很严肃冷酷。每次当麦凯恩在发布会上度过艰难的一天或者施密特和索尔特一起在酒吧待到很晚只睡了几个小时的时候，施密特一整天都会喊道："那个搞怪的史蒂夫死了。"

最初，施密特和竞选经理里克·戴维斯相处得并不融洽。戴维斯觉得施密特患有"注意力缺乏症"。不可否认，施密特确实对数字专栏并不在行（学生时代，他由于不能通过特拉华大学要求的数学考试，只好退学）。但是，施密特受过良好的训练，对信息的掌握很到位——这两项都是竞选活动中稀缺的特质。他说话的语气从来都是陈述句，平淡中带着肯定。这正好迎合麦凯恩的喜好：为人正直、行为冲动以及雷厉风行的作风。

6月初，施密特接手管理竞选的日常事务。媒体报道说这是竞选团队的另一个重大改组。6月3日，麦凯恩作了一场让听众无法忍受的拙劣演讲，给予自己致命的一击。而同一天，奥巴马正式获得民主党的提名。麦凯恩就像一位生气的老头。事实上，正是施密特提议用墨绿色的幕布做背景，而那幕布的映衬，使得麦凯恩的衣服像是绿灰色的，显得老态龙钟。也正是施密特让索尔特和麦凯恩反对奥巴马。施密特并没有直接取代戴维斯，而这位麦凯恩的顾问也并没有被撺到一旁，所以戴维斯仍然保留着他竞选经理的头衔以及其他许多职责。但是施密特的提升彻底改变了竞选的风格、感觉和基本走向。

据戴维斯叙述，他想让施密特回到竞选总部帮助管理事务。对戴维斯说来，似乎施密特、索尔特以及其他人，比如说麦凯恩的顾问、华盛顿地区老游说议员查理·布莱克（Charlie Black），是一群快乐的兄弟，在竞选专机上玩得很开心，而他自己被困在总部，殚精竭虑地把麦凯恩那场小气又混乱的叛乱行为强化成配备齐全的竞选活动。他需要施密特负责处理日常信息和媒体运作。

当麦凯恩徘徊着讲笑话、不断谈论着出现在他脑海中的事件时，戴维斯就得收回缰绳，把麦凯恩的思绪拉回到竞选中来。

戴维斯仍然不想失去"海盗船"精神。3月1日，麦凯恩获得共和党竞选人提名，《新闻周刊》的记者问戴维斯，现在是不是该"削弱海盗船，使之更像一轮游艇"的时候了。"不，"戴维斯回答道，"永远都会是海盗船，不是因为它的尺寸，而是因为它的态度。只要约翰·麦凯恩的右眼带着海盗眼罩，它就不会消失。"

但海盗船还是消失了。海盗船的最后一次航行在它离开码头之前就被取消了。麦凯恩非常喜欢非正式的交换。他不惧怕（也许有那么一点）出现在市政大厅，轻而易举地回答普通市民的问题，或者在"实话直通车"节目中被记者围绕。6月初，他寄给奥巴马一封信，邀请伊利诺伊州的议员来共同参加市政大厅的一系列会议。

麦凯恩有一个很浪漫的主意：与一位值得竞争的对手一起在全国游行，一起参加一个能够教育并挑战候选人的有意义的对话。这个主意是由布什的老顾问马克·麦金农提出来讨论的。而他也是受了约翰·肯尼迪在1963年被刺杀之前提出的一个想法的启发。肯尼迪曾想见见最有可能成为共和党竞选人的巴里·戈德华特（Barry Goldwater），因为他认为自己能打败巴里。戈德华特建议在1964年大选之前他们能一起游行。这个主意看似高贵，而且有可能使得2008年的大选更加文明，但事实并非如此。麦凯恩提议大选日之前，每周都进行辩论——离大选日还有20周。在那些符合麦凯恩傲慢的对话风格的论坛中，奥巴马的助手小心翼翼地在谈论着共和党的候选人。反过来，他们提议举行两场"林肯—道格拉斯"式的辩论。在这样的辩论中，每位竞选人需要做一个长达 1 小时的演讲，然后是半个小时的辩论，外加秋季时进行三次传统的辩论。这样的形式对奥巴马这样的雄辩家是有利的。奥巴马的团队希望首次辩论在 7 月 4 日进行。

麦凯恩真的认为他的竞选对手会和他一起出现在市政大厅，但是奥巴马的答复让他失望了。麦凯恩的助手很愤怒，或者说假装很愤怒（其中一位助手后来对《新闻周刊》的记者承认，他们从来没有期望奥巴马同意；他们只是想站在道德的高处）。里克·戴维斯说，7 月 4 日是"今年最糟糕的一个晚上"。他告诉记者，奥巴马的答复是"我听过别人做的最具有讽刺意味的事情了"。而对奥巴马的团队来说，他们也很愤怒，因为麦凯恩的团队没有和奥巴马协商就在发布会上大发牢骚——甚至都没有回应他们的提议。不久之后，整个提议在双方的相互指责中宣告失败。

名人广告成就名人总统

当媒体似乎要免除奥巴马的责任或者说把责任平摊给奥巴马和麦凯恩时，麦凯恩的核心集团显得非常愤怒。媒体对整件事情的处理方法加深了麦凯恩助手们的看法，他们认为自由派媒体的成立是决心让奥巴马当选总统。麦凯恩不再是媒体的宠儿，还有施密特、索尔特和戴维斯。这也是媒体想传达给他们的信息。他们告诉麦凯恩，记者们不想和他辩论那天发生的那个重大事件。他们只是想要"我已抓住你"这样的故事。麦凯恩的顾问对那些"无孔不入的"电视网络制作人很是警惕。那些制作人带着小型摄像机到处捕捉每一个竞选人的镜头。施密特总结道，电视网络的老板远在纽约，对着麦凯恩出错的镜头垂涎三尺。索尔特至今还对《纽约时报》报道麦凯恩和女游说议员的故事耿耿于怀。索尔特感觉自己被人出卖了；所有的方法不过是因为媒体想要"弄垮"麦凯恩。施密特和索尔特开始警告麦凯恩不要轻易对记者说任何事情。"当他走到车的后边，施密特和我就会说，'危险，危险，不是同一个记者团。他们想要制造今天的新闻，而制造新闻最简单的方法就是牺牲你。'"索尔特这样告诉《新闻周刊》的记者。施密特、索尔特和戴维斯花了很长时间来处理从媒体报道中所觉察出来的不公正。麦凯恩的助手开玩笑说，美国全国广播公司的自由主持人基斯·欧博曼（Keith Olbermann）所主持的频道已公然成为"全国巴拉克频道"。戴维斯曾向《新闻周刊》的记者嘲笑道："《纽约时报》已然变成了一个527（免税代码中的一项条款，用以调整那些靠买广告推动热门事件来宣传某位竞选人的组织和团体）。"

当麦凯恩和媒体的"蜜月"结束时，他感到很困惑。他喜欢和记者在一起；他们都是麦凯恩的朋友，或者说是与他进行友好争论的对手。他喜欢挑战；他的发言人吉尔·哈泽尔贝克（Jill Hazelbaker）说："他从未碰到过哪次访问是他无法应对的。"在飞机上，麦凯恩会把头转向记者坐的区域，而戴维斯会把他拉回来。"不，不，不，我要他们围着我。"麦凯恩会指着记者们说。"不，不，不，他们会毁了你。"戴维斯会这样反驳他。

在麦凯恩的坚持下，他在过去的这个夏天使用的新竞选专机上装配了一套板凳式的长沙发，为"实话直通车"重新创造了空间。这样，每次麦凯恩就可以花上很长时间和五六个记者一起谈话录音。但是，麦凯恩从来没有邀请记者和他一起坐到沙发上。如果把麦凯恩逼得太紧，他就会不高兴，至少记者从远处就能闻出味道来。"就像在撤退。"林赛·格雷厄姆对《新闻周刊》的记者坦白。有时候，被记者围绕的麦凯恩就像是一位被父母禁止与女孩约会的腼腆少年。麦凯恩和代表团成员在威斯康星的一家商店喝咖啡，而记者们也在一旁观察。麦凯恩抬起头，和记者有了眼神交流。"你们今天过得怎么样？"他笑着问。在记者说话之前，竞选助手就会冲进来，把记者带出房间。其中一位记者试图和麦凯恩说话，他期待地望着麦凯恩，似乎想要说些什么。"参议员，我能……"那位记者开始问道。一位助选人员走上前来，"谢谢，我们走吧。"那位助选人员说道。

麦凯恩几乎是故意跳出原稿中的台词，这样的方式也触怒了他的助手。奥巴马7月中旬将启程前往海外，进行大范围的走访。在此之前，麦凯恩的阵营试图精心策划一次反击。吉尔·哈泽尔贝克参加了福克斯电视台（Fox TV）一档早间节目。在节目中，她嘲笑奥巴马："他们声称这是一次寻找事实的走访，甩掉这冠冕堂皇的借口吧，我们还不如把它称为"史无前例的海外竞选拉力赛。"她把这次走访命名为"一次庞大的作秀机会"。但是麦凯恩马上告诉记者，他不同意哈泽尔贝克的看法，他稍后会就此事和她探讨。麦凯恩说他很"高兴"奥巴马能够亲自走访伊拉克和阿富汗。哈泽尔贝克非常生气，所以第二天都没有来上班，而且拒绝接听麦凯恩所有道歉的电话。施密特告诉麦凯恩，他必须改变，没有任何商量余地。只有那一次，麦凯恩似乎有所领悟。

奥巴马走访了中东和欧洲，会见了外国领导人，给美国媒体和国际传媒留下了深刻印象。之后，奥巴马于7月24日在柏林，面向人山人海的德国人民发表了一次演讲。奥巴马的竞选团队渴望能重现肯尼迪于1963年访问柏林的辉煌。肯尼迪，这位精力充沛的年轻领导人，因他对苏维埃共产主义的蔑视让世界为之震惊。先行的竞选组织调查了能否让奥巴马在勃兰登堡门（the Brandenburg Gate）前做演讲。在冷战结束之前的几天里，里根便是在此向苏联发起挑战："摧毁这面墙吧！"但是，奥巴马还是否决了这个方案。他不想表现得太"自以为是"。他告诉戴维·阿克塞尔罗德，在一个普通的地方演讲能代表国家的正面形象。然而，他还是在升高演讲台前结束了演讲，这个演讲台位于高耸的胜利纪念柱前，离勃兰登堡门并不远。演讲效果颇富戏剧性，很令人震撼。

林赛·格雷厄姆议员当时正在看电视。麦凯恩的这位朋友有着敏锐的政治嗅觉，马上就发现了一个机会。根据格雷厄姆后来的回忆，他马上拿起电话告诉麦凯恩："天哪！看看这呀，"他对当时也在看电视的麦凯恩喊道，"这个该死的！他以为他自己是谁？那帮德国人又是什么人？他们有什么好欢呼的？"对格雷厄姆来说，奥巴马的演讲都是关于他自己的，他是在对着一帮外国人哗众取宠。麦凯恩的其他顾问也有同样的想法。那个周末，高级战略团队在凤凰城（Phoenix）麦凯恩家附近的酒店里召开会议，探讨如何反戈一击，将奥巴马的辉煌时刻转变成对他的负面影响。麦凯恩夫妇以及格雷厄姆在会议结束之前来到酒店，看看会议提出了什么样的建议。

施密特起了带头作用。他说，奥巴马实在飞得太高，麦凯恩的子弹几乎伤不到他。所以，答案就是……让他再往上飞，到时候选民就会发现他只不过是飘在空中的热气球罢了。"这个家伙表现得像个名人，"施密特说，"他是个名人——20万个名人中的一个。总统们也是名人，但是他并不是总统。他是世界上最伟大的名人。好吧，那就给他这个名头。让他拥有这个名头。但是，到时候我们就会问选民，难道你们想让一位名人来管理这个国家吗？"

格雷厄姆马上打起精神来。"太棒了!"他大喊道。麦凯恩点点头说:"是的。"施密特马上继续设计一则广告。7月30日,这则"名人"广告设计好之后马上出现在国家的新闻节目和YouTube(视频共享网站)上。当奥巴马在柏林演讲的画面和帕丽斯·希尔顿(Paris Hilton)及布兰妮·斯皮尔斯(Britney Spears)的画面一起出现时,一位广播员带着呼吸声说,"他是世界上最耀眼的名人。"

许多自诩为"权威"的人士感到很生气,认为这则广告是没有任何意义、廉价的攻击。但是这则广告在许多天里成为新闻圈里的热点,这正是麦凯恩几个月来没有能够做到的事情。尽管有大量赞赏性的新闻报道,奥巴马的此次走访却没有取得很大的成效。这则广告及时扼杀了奥巴马的势头。有些选民开始怀疑奥巴马的阅历不深。而施密特的地位一下子就凸显出来:他那种枯燥而又近在眼前的攻击方式似乎奏效了。

然而,麦凯恩的广告编排人,迈克·哈德姆(Mike Hudome)并不满意。他告诉《新闻周刊》的记者,帕丽斯·希尔顿和布兰妮·斯皮尔斯并不是他会使用的风格。一旦朋友和同事停下来对他说:"嘿,迈克,名人节目?"哈德姆就会马上追上去,说那个节目其实是施密特做的。哈德姆喜欢施密特,但是他并不满意这种竞选方针。在施密特的引领之下,竞选就像一场传统的政治战争,负面攻击外加抓着新闻片段不放。他担心竞选活动会"让麦凯恩失去真正独特的个性"。可是,他不得不承认广告的确奏效了。

麦凯恩自己似乎对竞选落后活动有些抱怨和不悦。他参加市政大厅会议的次数越来越少。当麦凯恩在密歇根州的贝尔维尔市(Belleville)对某一件可悲的事件开玩笑却没有收到之前的"笑果"

时，麦凯恩的助手会很苦恼，所以他们决定让支持麦凯恩的选民进入市政大厅来捧场。不久之后，麦凯恩的"市政大厅会议"几乎与乔治·W. 布什2004年的"市政大厅会议"一般沉闷乏味，因为当时总统面对的只是受邀前来的观众。

麦凯恩时不时地对他的经理人发怒。但是，一位助手向《新闻周刊》的记者解释，他并不介意竞选方向突然转变。麦凯恩是一位战斗机飞行员、一位即兴演奏者，并非"正常行驶"的海员。纵观他的政治生涯，他一直想要转航离开整个船队。他所在的党派及同事认为麦凯恩很古怪，总是让人捉摸不定，但其实他们更加古板老套。麦凯恩也许不满意减少市政大厅会议或者记者会的次数，但是倘若有人怀疑变化会产生负面影响，麦凯恩就会解答这样的疑惑。在这个例子中，他就采用了更强硬尖刻的方式，而这种方式不仅很必要，而且也很可取。

> "很少有政治家的直觉像麦凯恩这样敏锐，'我明白了。新的竞选活动？没问题。'"麦凯恩的一位顾问说道。"他的职业让他走遍地球上的所有地方。但是这与罗纳德·里根有所不同——'这就是我所相信的，20年来都没有改变过'。这就是麦凯恩，所以变化对他来说太快了。他喜欢说'好的'。不管怎样，麦凯恩不反对偶尔给奥巴马一记重拳。事实上，麦凯恩并不是真的那么尊重他的对手。"

他可以宽宏大量，但是他也会心存怨怼。对他来说，政治是需要亲力亲为的。他感到在参议院时被奥巴马出卖了，而且他觉得奥巴马是个懦夫（这对拥有男子汉气概的麦凯恩来说是至关重要的考验)。麦凯恩最本质的世界观属于勇士的世界观,这是受他当海军军官的父亲和祖父的影响。在他的畅销书中,麦凯恩很清楚地阐明他最值得赞扬的个人品质——甚至不是勇气,而是荣誉。随着时间的流逝,由于受到他下属的煽动,他开始相信奥巴马是相当优秀的年轻人,只不过缺乏这种勇士美德中最高贵的特质。

在好恶爱憎方面,他很公正地代表两党;他像谴责民主党的政治分肥者一样,也谴责和揭发共和党的政治分肥者,而且他也很乐意和他信任的民主党人共事。在《值得奋斗的价值》(*Worth the Fighting For*)一书中,麦凯恩讲述了他和莫里斯·尤德尔(Morris Udall)的亲密友谊以及对他的尊敬,尤德尔是来自亚利桑那州的民主党人。麦凯恩总是准备着跨越党派界限,和民主党人交朋友。起初,他以为年轻的奥巴马就是他的朋友。作为2005年刚刚入选的美国参议员,奥巴马曾和麦凯恩打过交道,并告诉这位资深参议员,他不想成为党派的“傀儡”——他想成为像麦凯恩这样的人。“麦凯恩总是注意这样的人。”索尔特回忆道。

麦凯恩决定让奥巴马与他一起合作进行道德改革。麦凯恩和参议员里克·桑托勒姆(Rick Santorum)都是代表两党的组织成员之一。桑托勒姆是来自宾夕法尼亚州的保守共和党人。奥巴马参与过一次桑托勒姆组织的会议——但是之后就没有再出现(据桑托勒姆说,当奥巴马走进会议室时,麦凯恩给了他一个“甜得发腻”的欢迎仪式)。奥巴马曾公开声明他很乐意与共和党人一起进行道德改革,而私下里也向麦凯恩保证会和他合作。但是之后,他没有遵守诺言,甚至没有第一时间通知麦凯恩。索尔特猜测奥巴马是被内华达州的共和党人哈里·里德(Harry Reid)拽回去了。哈里·里德是一位雷厉风行的党派议员领袖,他不喜欢新生事物,凡事持保留意见，徘徊不定。

真正让麦凯恩和索尔特感到厌恶的是奥巴马打破承诺的方式。他给麦凯恩写了一封有点正式的信件，感谢麦凯恩给予他机会参加桑托勒姆的工作组，但是他还是更喜欢他自己党派的立法。但是在麦凯恩收到这封信之前，媒体已经抢先得到了这封信，也许这是里德办公室的人泄露出去的。当索尔特看报纸得知奥巴马的意图后，他大发雷霆。怒喝道："这个乳臭未干的议员就这么报答麦凯恩的慷慨大方吗？而且敢做得如此肆无忌惮！"麦凯恩也有点生气，他让索尔特代笔为他给奥巴马回一封信："你曾私下向我保证，希望能和我们一起努力议定两党游说改革法案，倘若这样的提议过于草率，那么我向你道歉。"索尔特回信的语气中弥漫着轻蔑的味道："我了解，能够有机会领导你们党派努力探讨此事宜，对一位新科议员来说有多重要，而我对你过早显露你的不真诚没有什么特别的感觉。我又一次意识到在政治活动中，公共利益并不是我们每个人都会优先考虑的事情。"这些话让这封回信更加具有讽刺意味。

索尔特后来说，那封信的语调比麦凯恩想要的还要辛辣（虽然麦凯恩签署了那封回信）。对奥巴马来说，他着实被麦凯恩带刺的利箭吓了一跳。他给麦凯恩回信："你怀疑我不是真心想要撇开政治为公共利益努力，这一点很让人遗憾，但这丝毫没有减少我对你的尊敬，也丝毫没有减少我为两党问题寻找解决方案的意愿。"奥巴马还进一步拿移民事件离间麦凯恩。在移民问题上，麦凯恩冒了很大的政治风险，他公然反对那些忠实的共和党人，他们想要在美国和墨西哥边境处建立隔离墙，并逮捕和拘留非法移民。麦凯恩和泰德·肯尼迪以及两党组织一起提出了一个折中法案，即建立"客工计划"。奥巴马应邀到这个组织中。议员们同意一起投票反对过左或过右的修正案。一些相当保守的议员接受了这个意见，对保守的修订案投了反对票——但是奥巴马并没有，他给许多主张变革的修正案投了赞成票。一次会议后，肯尼迪严厉谴责了奥巴马的变化无常（几个月以后，当有人问肯尼迪为什么支持奥巴马当选总统，肯尼迪的答案只有3个字："卡罗琳"）。麦凯恩和他的助手起初对奥巴马都持原谅的态度。当索尔特向他的老板麦凯恩怒吼，说奥巴马在移民改革问题上根本就没有立场时，麦凯恩回答说："他还是个新手，他还是个新手。可能他会逐渐适应起来的。"但是2008年7月末，离大选还不到4个月时间，麦凯恩的选票紧随着领跑者的选票，当施密特和其他人要对奥巴马发动的负面攻击时，麦凯恩并没心慈手软。

危险的雷区和无言的禁忌

奥巴马的竞选高层相当缺乏种族的多样性。奥巴马自己也会偶尔抱怨这一情况，但并不是很强烈。他们会尽其所能地增加竞选队伍中的少数民族成员。希拉里·克林顿安排了两位黑人妇女 [竞选经理玛吉·威廉斯以及参谋长谢里尔·米尔斯（CherylMills）] 来接管她最初的西班牙裔竞选经理帕蒂·索利斯·多伊尔的工作。还有许多同性恋者也在她的高层任职。

希拉里在6月退出竞选之后，奥巴马的竞选队伍因为大选不断增加人数。一位新手加入位于北密歇根大街233号的工作地之后，发现一些与希拉里阵营不同的地方。竞选老将总会注意到一些 "不搞噱头的奥巴马"的气氛，但又对《新闻周刊》的一位记者说："奥巴马很会搞噱头,人们只是低鸣耳语,并不会大喊大叫。"奥巴马的竞选经理戴维·普罗菲嘱咐他的员工欢迎希拉里的"难民",(据报道,他还威胁说如果他们没有做到,"我会一直找穷追猛打")。当希拉里的高级资金筹集人调入奥巴马的财务委员会时,他们遇到了一些小麻烦。据奥巴马的一位金融分析师说,希拉里的人想要知道他们的工作头衔是什么,而当他们知道奥巴马的资金筹集人没有头衔时,都大吃一惊。一些之前为希拉里筹集资金的富婆因而决定转而为麦凯恩筹集资金;林恩·弗雷斯特·罗思切尔德夫人就是其中一位。后来,她说奥巴马是一位"优秀人士",以高人一等的姿态与"粗人"谈话。

克林顿的前任顾问注意到,奥巴马团体中的工作氛围与希拉里团体的工作氛围完全不同。"人们在那里走来走去,"这位克林顿的支持者指着密歇根大道上的一幢大楼说,"认为他怎么都不会输掉的。" 这位顾问来自一个截然不同的世界,在这个世界里,人们对迫在眉睫的灾难有着更健康的判断力。"克林顿任总统时,我在白宫工作,"这位顾问回忆道,"如果我们预料某些事情可能会出错,这些事在将来就会出错。"然而,在8月早期,奥巴马竞选的支持者开始产生了一些怀疑。受到麦凯恩"名人"广告的影响,他们显然已经看穿了盔甲形象伪装之下的奥巴马,虽然内部的民意调查显示他们仍然投支持票。对克林顿的前任助手来说,奥巴马的一些竞选高层似乎存在某种幻觉,认为克林顿的助手已经在希拉里·克林顿那里挨过了最糟糕的日子。这位助手告诉《纽约时报》的记者:"在他们生活的世界里,他们认为希拉里是最自私的人。"克林顿的支持者认为希拉里有所隐瞒——他们注意到在一场辩论中当记者问希拉里,奥巴马是否有候选资格时,她的回答是肯定的，而私底下她并不是这么说的。

奥巴马的一些支持者也为可能发生的最糟糕的情况做了准备。媒体工作者吉姆·马戈利斯注意到一个事实，麦凯恩宣布自己不会充当独立开销团体——527团体（由美国税法第527条得名的民间免税组织。——译者注）之间的"裁判"。如果有种族歧视者或者其他人对奥巴马进行低级的攻击，那么这很可能就是527团体干的。2004年，有一个527团体——"快艇老兵说真相"的组织询问了约翰·克里在越战中的经历，这对他造成了很大的伤害。

因特网噪音不断，一些网络杀手不断散布谣言，称奥巴马是穆斯林信徒；奥巴马受过穆斯林教育；网络上还流传一段米歇尔声称取消"白种人"的视频。"根本就是在说谎！"马戈利斯6月对《纽约时报》记者说，"我们的攻击性将会更强。"同一天，奥巴马的竞选班子建立了一个辟谣网站，反驳各式各样的谎言。像往常一样，奥巴马自己的处理方式就是保持冷静。

4月的时候，希拉里称她会支持"不辞辛劳的美国白人"，以此向奥巴马施加压力。在北卡罗来纳州首府罗利（Raleigh），奥巴马向听众宣布："如果你在竞选总统，那么你就要期待它，而且需要放手……"他停住了，耸耸肩，右手做一掠而过的动作，仿佛掸掉右肩上的灰尘，然后离开了。听众，包括许多非裔美国人，爆发出了惊讶的笑声和掌声。当奥巴马自鸣得意地微笑并夸张地点头时，许多人都站着为他鼓掌。然后他说："那正是你们要做的。"他拿嘻哈音乐人天王Jay-Z的流行歌曲《掸去肩上灰尘》（*Dirt Off Your Shoulder*）开玩笑。那首歌唱道：

"如果你觉得自己是个黑鬼，那就掸去肩上灰尘；

如果妇女觉得自己是妓女，那就掸去肩上灰尘；

如果黑人觉得自己是疯狂的孩子，别忘了，

我要告诉你们：掸去肩上灰尘。"

麦凯恩的"名人"广告给了奥巴马竞选阵营一记警告。奥巴马的助手没想到麦凯恩会公然地打出种族这张牌。但是，通过质问奥巴马的经验，麦凯恩的信息制造者希望能够激起选民——与主流选民有些不同，尤其是工人阶级中年长的白人——心中的担忧，认为奥巴马不值得信赖。至少奥巴马的"政治化妆师"是这样认为的。所以他们开始给奥巴马的台词润色，目的就是想给选民打一记预防针。7月30日是"名人"广告播出的第一天，就在这一天，在密苏里州的首府斯普林菲尔德（Springfield），奥巴马告诉观众：

"所以，没有人认为布什或麦凯恩（原文如此）真正有能力应对我们目前所面临的挑战，所以，他们可以做的事情就是让你们害怕我。如你们所知，他还不够爱国。他有一个很有意思的名字。如你们所知，他看起来好像不喜欢所有头像印在美元上的总统，你们知道的。他太危险了。"

为争取大部分白人选票，奥巴马在密苏里州两次逗留，期间奥巴马再三重复了这样的信息。

在麦凯恩的竞选总部，"义愤填膺"已经列入每日议程。政治竞选人很少会没有借口把对手描绘成邪恶的形象，但是麦凯恩的顾问都对种族问题相当敏感。共和党人和民主党人都从2004年"快艇"对克里的攻击中吸取了教训，（也可能有些矫枉过正）那就是：不要等待，马上还击。在麦凯恩的竞选总部响起了反对奥巴马的声音，因为奥巴马竟敢说麦凯恩使用了种族暗讽这种低级手段。他们决定玩点柔道，让里克·戴维斯指责奥巴马自己也打出了种族这张牌。"巴拉克·奥巴马也打出了种族牌，而且是从甲板底层打出来的。"戴维斯在一篇新闻稿中宣布。

那天下午，美国全国广播公司的安德烈亚·米切尔（Andrea Mitchell)对戴维斯进行了电话采访。戴维斯在采访中为他对"名人"广告中的注释做了辩护。"里克，可以向我解释一下吗？他说的打种族牌是什么意思？"米切尔用疑问的语气问道。戴维斯谴责奥巴马的竞选阵营，他们竟然对记者与自由博客写手声称麦凯恩的攻击"含有种族歧视的弦外之音"。米切尔向戴维斯发起挑战，询问了他对竞选日益增长的负面消息的感受。这个话题使谈话双方感到愤怒。戴维斯认为米切尔的语气故作屈尊。他非常愤怒地和米切尔争论，甚至都忘了他正在接受电话采访，而成千上万的美国全国广播公司的听众正在收听。挂上电话后，当他冲出办公室去整理思绪时，他的员工起立长时间为他鼓掌喝彩，他也大吃一惊。

在竞选过程中，有记者问麦凯恩如何看待戴维斯对"种族牌"的评论。麦凯恩似乎很不安，不冷不热地说赞成他的竞选经理所作的评论，但又说竞选活动需要重新回到辩论上来。在简短的混乱之后，媒体还是让这件事平息了下去。对于麦凯恩和奥巴马避讳讨论种族问题，记者和政治家们都感到不舒服。所以，权威专家以及一些博客仍然在喋喋不休地谈论此事。当他们坐在演员休息室等待出席有线电视的谈话节目时，专家和记者就会忙于做一些愤世嫉俗的猜测。麦凯恩的竞选活动打出种族牌攻击奥巴马，会引发种族歧视这个问题吗？会使种族问题成为选民关注的焦点吗？这些怀疑也有一定的逻辑。在许多民意调查中，民主党以10多个点的优势击败了共和党，这仅仅是因为在共和党管理了8年之后，选民期待一些变化。然而，到2008年的仲夏，奥巴马和麦凯恩本质上受到了约束。奥巴马为什么不能做得更好一些？麦凯恩的支持者都认为他胜过共和党的其他候选人，因为他是标新立异之人，可以吸引独立选民；因为他的领导经验比奥巴马更丰富。但是一些民意调查专家怀疑（虽然他们并不能十分确定，因为就种族问题做民意调查非常之难）奥巴马的肤色阻碍了他的竞选。

考虑到全国的情绪，即将到来的11月份对麦凯恩来说将是一段艰难的时期，他要说服大部分美国人投票给共和党。面对这样的现实，政治顾问间的标准程序会变成负面因素。负面广告会降低竞选人的声望，这是事实。但是，如果广告使用得当，就会降低对手的声望。因此，麦凯恩最大的（可能也是仅有的）希望就是降低奥巴马的声望。

若非施密特和他的团队变为负面因素，而麦凯恩又有些不情愿继续下去，这一切都没有问题。但是麦凯恩的顾问强烈反对有人说他们利用种族暗箭中伤奥巴马。他们对种族问题的敏感有些"那女人总在抗议"的味道。有时候对媒体发怒是适当的，这可以让媒体害怕从而不敢再在新闻中暗示麦凯恩在使用老共和党的剧本。但是，他们决定不去做也不去说会让人觉得是种族歧视的事情。他们一度考虑在一则广告中播出奥普拉对奥巴马的采访片段，以取笑奥巴马是"救世主"。但是这个想法还是被禁止了——因为这则广告可能会让人产生误解。麦凯恩的助手真的很有挫败感，他们抱怨无论他们做什么，媒体都会责备他们带来了种族歧视。他们向记者激昂地指出麦凯恩公开谴责一位共和党侦探在北卡罗来纳州的一则广告中使用种族暗讽，而且麦凯恩再三表明他讨厌在政治竞选活动中进行种族迫害。

麦凯恩很诚挚。他不想通过引起选民的种族焦虑这种方式来取得胜利。2000 年在南卡罗来纳被诋毁的记忆仍历历在目，他的妻子辛迪更是记忆犹新。她还当面指责布什的政治导师卡尔·罗夫使用了李·艾特沃特式的攻击方式，让诽谤大师到处匿名散布谣言说辛迪收养的女儿布丽奇特是麦凯恩和一位黑人妓女的私生女。罗夫总是理直气壮地否认这一事件，而且也没有证据证明他与此事有关系。麦凯恩向来为自己感到自豪。他告诉他的朋友，他愿意继续和罗夫友好相处下去。但是辛迪并不会这么做。2007 年夏季，在科罗拉多州的阿斯彭（Aspen）举行的一次私人集会上，一位朋友问辛迪，如果罗夫这时候经过她会不会在背后中伤他。"不，"她回道，"我会从正面中伤他。"

要打遍天下先玩转网络

一些稀客来到奥巴马竞选总部，马上会对这里的新媒体部门肃然起敬，这是一个类似抒发感情的地方，人们在这里谈论如何拯救自己的灵魂，并使用左翼分子的学术语言，例如"专业机构"。一位记者描述自己对奥巴马的感觉像"林肯 2.0"。通信部的兄弟们喜欢开玩笑问新媒体里的怪胎们还是不是处女。

然而，当问到他们实际上做了些什么事情的时候，新媒体部门的书呆子们都变成了冷静的现实主义者。"我们从不会因为想要酷而去干某件事情，"竞选活动官方博客的写手山姆·格雷厄姆·费尔森（Sam Graham-Felsen）告诉记者，"我们总是想办法让事情不那么神秘。"他还向记者炫耀了名为"奥巴马08款苹果手机"。奥巴马喜欢的深蓝色、工整的字体以及玻璃般的图标，使得这款iPhone看起来像是为富裕的选民设计的电子装饰品。进一步观察，选民会发现一个更为复杂的数据开发程序。轻按顶部"呼叫朋友"的按钮，软件就会查阅电话簿，然后按照竞选的目标状态重新安排电话薄的顺序。比如，电话区号是科罗拉多州或弗吉尼亚州的朋友的名字就会出现在屏幕的顶部。再轻按一次，奥巴马的支持者就会反馈选民调查意见的基本数据（"留言"、"不感兴趣"、"完成投票"，等等）。这些数据都输入了一个为竞选之日建立的大型数据库。

那个夏初，奥巴马的竞选团队就公布其副总统的选择，做了一个非正式的决定，即将通过文本信息的方式直接发送给他们的支持者。这并不是要以高科技手段做一些华而不实的小把戏来吸引媒体的注意力。这么做的重点是收集选民的手机号码以便日后在登记选民以及努力争取弃权选民之时与他们联系。多亏了这次宣传，竞选团队拥有的手机号码成倍增加，数量多达100万。[民主党副总统候选人乔·拜登（Joe Biden）的儿子博·拜登（Beau Biden）也是其中的登记人。]

"我不会仅为了网上的活力和热情而在意网上的活力和热情，"新媒体社会网络的领导克里斯·休斯（Chris Hughes）说，"这关乎赚钱，打电话，嵌入视频，或者给朋友发送视频。"对休斯来说，这并不是幻想。他曾是Facebook网站的创始人马克·扎克伯格（Mark Zuckerberg）在哈佛大学的室友，后来也是马克的合作伙伴，而且他在24岁之前就成为百万富翁。他的目标是让旧科技——例如呼叫中心发送选票信息给选民——更有效率。"当计算机系统启动时，它们可以让一些人们经常做的事情变得更简单，"他说，"而且可能做得更大。"

在初选期，奥巴马的大型集会上会出现很多熟悉情景。在奥巴马出现之前，一位竞选官员会来到台上力劝观众拿出他们的手机给他们的朋友或者邻居打电话或者发短信。数以千计的人们就会发出电子信息——然后许多选民跟随而来。奥巴马新媒体部门的主管乔·罗斯帕斯（Joe Rospars）说："我们并不是要创造这样的方法让我们的支持者互相打电话。我们只是想让事情更简单一些。"罗斯帕斯曾为霍华德·迪恩（Howard Dean）2004年的竞选写过一篇博客。在罗斯帕斯的管理下，奥巴马的竞选活动对迪恩的1.0战略做了重要的改变，从而基本上完善了1.0战略。迪恩的目的就是建立一个全国性的网络，但是在艾奥瓦州，他没有能够建立起真正的草根基层的竞选活动。在奥巴马的世界里，索尔·阿林斯基的名言（思考全球化，行动本地化）得到了很好的回应，奥巴马的重点就是本地——邻里之间、朋友之间、家庭之间。乔·特里皮（Joe Trippi）是一位非正统型政治天才。他建立了迪恩网络的Juggernaut会话劫持攻击程序。他经常说如果迪恩的竞选活动是莱特兄弟在基蒂霍克（Kitty Hawk）的试飞行动，那么奥巴马的竞选活动就是阿波罗计划。换句话说，如果商务飞机飞行一圈，那么喷气式飞机或者超音速飞机已经直达月球（有记者问罗斯帕斯如何看待这一类比，他坦然回答："那倒不是，如果你认为与许多在发射台上就爆炸的试飞相比，在基蒂霍克的试飞算是一次成功的飞行"）。

奥巴马的竞选操作所产生的影响是可以估算的，出席艾奥瓦州党团会议的人数增长了两倍；所筹集到的钱是历任候选人所筹集到的两倍；组织的志愿者多达百万。仅在佛罗里达州就有：65处办事处，带薪员工350人，活跃的在线网络支持者高达65万，周末每天的志愿者达2.5万人。考验的最后时刻会在11月4日到来。在此期间，一场暴风雨正在酝酿。

8月底，由于古斯塔夫飓风（Hurricane Gustav）威胁着得克萨斯州的海岸，奥巴马的竞选团队致电红十字会，称他们会通过红十字会的主页安排捐款活动。"准备好你们的服务器——我们的人会很疯狂。"奥巴马的团队说。"好的，好的，随便你们。"红十字会回答。"我们已经经历了'9·11'事件以及卡特里娜飓风，我们也能应付古斯塔夫飓风。"在不到15分钟里，奥巴马的捐款如波涛般涌入红十字会的网址。

2008 年 9 月 10 日，麦凯恩议员和萨拉·佩林州长出席弗吉尼亚州费尔法克斯市的集会。（照片提供：《新闻周刊》奎文·贝）

第 **5** 章

中央舞台

Center Stage

在科罗拉多州，奥巴马公然嘲弄麦凯恩："我觉得约翰·麦凯恩参议员不是不关心美国人民现在的生活状况。我只是觉得他不知道。几小时之前他还说我们国家的经济基础牢固呢。请问参议员，你说的是什么经济啊？"

正值仲夏，奥巴马竞选阵营的电脑遭受了病毒入侵。技术专家发现后，立即采取了常规的预防措施，如设置防火墙。起初，这个病毒看似很平常，奥巴马竞选总部的工程师认为这只是一般的"钓鱼攻击"程序（通过大量发送声称来自银行或其他知名机构的欺骗性垃圾邮件，引诱收信人给出敏感信息，如用户名、口令、账号 ID、ATM PIN 码或信用卡详细信息的一种攻击方式。——译者注），采用一般方法就可以解决。而事实上，竞选已经成为一些技术娴熟的电脑黑客的攻击目标。

第二天，美国联邦调查局和特工处都派人到奥巴马竞选总部，一位联邦调查员警告大家说："你们遇到的麻烦要比你们想象得大得多。你们的重要资料已经外泄，有人从你们的系统里下载了大量文件。"联邦调查人员说得很隐秘，而且没有回答太多的问题。到了第三天，奥巴马竞选的主要负责人戴维·普罗菲收到白宫办公厅主任乔希·博尔滕（Josh Bolten）传来的消息："你们遇到了大麻烦，"博尔滕告诉奥巴马的助理，"这要比你们想象得严重的多，你们必须解决一下。"

到下午，竞选的主要技术官员米歇尔·斯拉比（Michael

Slaby）与正在洛杉矶做调查的联邦调查局地方特工通了话。斯拉比得知电脑黑客正在以飞快的速度从奥巴马的电脑中窃取文件，可能已经威胁到了奥巴马的整个计算机网络。

于是竞选组找来一个高端技术安全组织对系统进行全面检查。8月18日，奥巴马官员被要求到芝加哥的联邦调查局做简报，却被告之白宫已经下令联邦调查局不要做简报。当奥巴马的官员问及原因时，他们说3个小时前联邦调查局人员得知麦凯恩的竞选组也遭到了黑客攻击。

最后，奥巴马找来的安全部门终于驱除了电脑病毒。竞选的筹款记录一直在另外一个电脑系统中，所以没有受到任何损害。8月20日，奥巴马竞选团收到了联邦调查局发来的简报，说他的系统已经遭到一个"国外集团"的破坏。官方不会指明是哪个"国外集团"，但已表明：国家情报局认为两个竞选集团都是某些国家政治间谍（或外国组织）的攻击目标，他们想看看奥巴马和麦凯恩集团所采取的政策和关于他们的信息，这些可能对未来与奥巴马和麦凯恩政府谈判有用。没有任何迹象表明这件事与恐怖分子有关。

奥巴马自己也做了简报，他的电脑被检查了，并未发现被袭击。奥巴马竞选团采取各种措施来完善电脑系统，如给关于政策和过渡团队的文件加密。联邦调查局的人员向奥巴马保证，他们的组织不会遭到政治对手的破坏，这也让人感到安心。麦凯恩的一个高级官员向《新闻周刊》证实，竞选活动遭到了攻击，而且联邦调查局已参与了调查。白宫和联邦调查局的官员在这周的前几天对此没有任何评论。

又一个女强人引起的焦虑

　　对戴维·阿克塞尔罗德来说，奥巴马在国外凯旋式的出访和民主党代表大会之间的这个 8 月相当于"失去的几周"。竞选大会结束后再回过头来看，奥巴马的首席战略家觉得竞选活动陷入了一个"常规"。尽管竞选团队公然嘲笑麦凯恩的"名人"广告，称这是麦凯恩铤而走险的失误之举。但奥巴马的顾问也坦白地承认了奥巴马着实受到了挫伤，这令他处事更加谨慎。阿克塞尔罗德决定不再为竞选活动进行大肆宣传，也不再为候选人安排大型集会了，而是组织一些小型的聚会，出席更低调的场合。对于在丹佛召开的民主党代表大会阿克塞尔罗德深感不安。竞选团已经公开消息，称奥巴马会在大会前一天晚上在丹佛的足球场对支持者们发表讲演，其目的是仿效约翰·F.肯尼迪的做法。肯尼迪于1960 年离开拥挤的会议大厅，去洛杉矶大体育馆的灯光下做了总统候选人提名演讲。奥巴马也想通过这件事去创建一个大的电话银行——每个参加的人可能给他们的亲朋好友打电话。于是为了保证电话通话的顺利进行，又额外安装了许多电话亭。在丹佛的"景顺"橄榄球场，民主党国家委员会的工作人员提出在墩座墙的两边都安装上带有各种灯和装饰物的白色圆柱。对于阿克塞尔罗德来说，整个建筑有点像古希腊的翻版——或者说，更像电影《星球大战》中的一个场景——他想要的是更加谦逊、冷静、简单的装饰，但是要有总统风格的。设计者们在西翼和白宫之间添加了几个白色的圆柱，看起来有点像拱廊，有种专横的感觉，但是可能要比重建奥巴斯山好些。

　　奥巴马的竞选政策中最令人引以自豪的就是它远离了华盛顿

的党派纷争和院外游说团体。但是提名大会从传统意义上讲是建党的大庆典。不可避免地，在去丹佛的路上，传统民主党人和奥巴马的反叛者会出现一些紧张形势。一般情况下，一些代表和国会议员会得到许多免费票，但是这次却分到很少，主要是给了那些基层组织者们。取消免费赠品的行为更加剧了来自美国国会和K街（又名"游说之街"，代表美国特有的政治现象，院外游说集团。——译者注）的人的抱怨：奥巴马竞选团没有听取，没有注意，也没有寻求他们的意见——所有这些都是事实。这个竞选团队确实有彼得·劳斯(Peter Rouse)，他曾经是汤姆·达斯勒的高级助理，前议会主要领导人，而且是奥巴马的秘密顾问。劳斯半开玩笑地说他自己是一个"操纵结果的人"。他向国会提出了一个详尽的计划，却被认为麻烦且毫无意义而遭到拒绝。正如一个高级顾问所说："每个人都喜欢胜利者。"如果奥巴马赢了，一切都会得到原谅；如果他输了，嗯，那也没什么关系。奥巴马的竞选并不想去满足构成现代民主党的所有利益集团——他们令民主党在前十届的总统竞选中丧失了七届的机会。约翰·克里的竞选团队曾为不同群体建立过详尽的联络处，包括少数民族群体、工会工人、残疾人协会、妇女团体、同性恋团体等。然而有点勉强的是，奥巴马阵营却只安排了一个职员去专门联系这些支持团体，而事后又觉得整个事情都是在浪费人力，于是就解散了那些利益集团的联络处，让他们去各个选区拉选票了。

克林顿对2012年有点神经过敏，可能会想方设法抢风头，比如要个热闹的全院表决以显示希拉里是多么接近党内提名。奥巴马指出，他只指望克林顿说他们会尽力帮助他就可以了——但是可能对他11月赢得大选没多大帮助。奥巴马的班子成员们惊呆了，因为没有人看到过一场比尔·克林顿的讲演，经验丰富的民主党的演讲指导迈克尔·希恩（Michael Sheehan）回忆说，可能有两种解释：一是克林顿打算说一些他不想提前说的、会引起纷争的事；二是克林顿一直在重新写他的演讲稿。出于对克林顿工作习惯的了解，希恩向他们保证答案是后者。

事实上，希拉里·克林顿与麦凯恩的关系要比与奥巴马的好。前第一夫人和来自亚利桑那州的四届参议员在一起参加参议院宴会；他们视对方为政治战争中经验丰富的老兵，但都对奥巴马不屑一顾，认为他浮华无实而且经验尚浅。6月初，希拉里在民主党选举中失败的那个晚上，她和麦凯恩进行了一次长时间的友好谈话。几天后，当她在参议员黛安娜·费恩斯坦（Dianne Feinstein）家与奥巴马见面时，她告诉他，对待选她为副总统这件事不要太认真，她不想经过烦琐的审核才当上副总统。审核过程确实很麻烦，要求公开所有的财产，甚至包括有关恋爱史和婚姻问题。随着夏季金融危机的加深，奥巴马的资深司法副部长埃里克·霍尔德还增加了一些关于抵押和有问题的金融交易事宜。

奥巴马并不想选希拉里，不是因为在昔日的竞选活动中她是他强劲的对手，而是因为她的丈夫。"你不只得到了希拉里，你也得到了比尔。"奥巴马的一个顾问说。比尔·克林顿就像个不受约束的大炮伤害到自己人，奥巴马在初选中因为这一点而受益匪浅。他们不想在大选中被他伤害。有时当希拉里的名字出现在有关美国副总统的讨论中时，奥巴马的顾问就会给出各种理由尽量不给她机会，奥巴马就会问："我们有把握么？"他应该深信克林顿会做出一些对其不利的事。

"名人"广告过后，谨慎地选举副总统渐渐纳入奥巴马的考虑范围。奥巴马的心腹——提姆·凯恩（Tim Kaine），是弗吉尼亚州的年轻州长，说赢得红区选票权的改革家。他来自贫穷的家庭，但毕业于哈佛大学法学院。"我真的很喜欢这个家伙。"奥巴马如是说。这名弗吉尼亚州的一届州长是最简单的审察对象——"他简单得如同这个。"霍尔德一边挥动着一张白纸一边说。但是共和党派一直强调奥巴马没经验，这样让凯恩出任副总统候选人又过于冒险。从一开始，奥巴马就宣布："我一直都倾向拜登。"乔·拜登曾经是议院外交委员会的主席，把有关蓝领投票权问题处理得很好。他虽然说得太多会言多必失，但是他并没有过丑闻。

霍尔德是克林顿政府的司法部副部长，并且是名资深的华盛顿人士。在与奥巴马就可能的副总统人选谈论将近 8 个小时的过程中，他对奥巴马半明半暗、意图难测的态度印象深刻。奥巴马很聪明，他在名目繁多的简报中只提到了一点隐藏的信息，并且表现得像个法律教授在提问他的学生一样（"我还没有听到你发言呢。"他将会对桌子周围好久没说话的任何人这么说）。许多政客假装参与到其中；而奥巴马却无需假装。但是，"最后，你不知道他站在哪边。当做出最后的判断时，我有了一点感觉，但是并没有把握"。霍尔德认为奥巴马很精明，没有很清楚地表明他的意图——既然"人们都会说他们上级所想要听的，但如果他们猜不出来的话，你就会获得更多坦诚的意见"。

在丹佛的民主党大会上，没有令人感到不愉快的意外。克林顿夫妇都做了长时间的讲演，带动着阵营里、大厅里的信徒以及数百万看电视的民主党人士的情绪。大会结束时，希拉里在一个宾馆房间中聚集了几个她最亲密的顾问来讨论 2012 年的计划——在奥巴马地盘里这可没被忽视而过。米歇尔·奥巴马意识到，可能有人会以批判的眼光监视坐在客厅里的她，但是她保证她的演讲稿1个月之前就完成了，并且背了下来。为了避免有人产生怀疑，在演讲中她明确地强调她有多么爱她的祖国。开幕式的那天晚上，在照相机面前她显得很紧张，但是却不失高贵、美丽。米歇尔和她的两个早熟的女儿虽然有时显得有点不够自然，但是面对镜头时就会与巴拉克有说有笑。巴拉克被安排住在中西部的一个中产阶级白人家中观看希拉里的演讲。奥巴马让他平时通宵工作的人员去写周四晚上的演讲稿。最后在凯悦套房里，他用一台提词器进行他生命中最重要的演讲排练。正在这个时候，有人敲门，候选人就停下来，走到门前。是服务人员，"好吧，"奥巴马说，"谁订的沙拉？"阿克塞尔罗德胆怯地举起手，于是每个人都笑了。

几小时之后，晚上7点半，奥巴马沿着两边有窗帘的走廊在黑暗中慢慢地走到讲台后面的一块等候区。那天晚上之前，阿克塞尔罗德就吩咐好设置得要低调些——少挂灯，多挂美国国旗。奥巴马绕了个小圈，手放在下巴上，眼睛向下看。他停下来，双臂交叉，把脸转向讲台，过了一小会，大步走了出去。8万人民的呼喊声围绕在他的周围。

他的演讲常常掷地有声、鼓舞人心，但是没有初选中的政治演说那么激情澎湃。他把演讲稿大致地通读了一遍，很像是另一名民主党候选人在读载有一系列承诺的清单。奥巴马在马丁·路德·金的45周年纪念日那天接受了民主党的提名，那天马丁·路德·金在国家广场的林肯纪念堂发表了《我有一个梦想》的演说。在"景顺"橄榄球场台上的假柱子前，奥巴马简单地提到了"一个来自乔治尼亚州的年轻传教士"，但是他没有直接说出金的名字。他的目的是要仅仅使他的演讲更加有节奏，还是为了避免激化一些白人的工人阶级选民，他的顾问对此没发表任何评论。但是他最亲密的助理被深深地感动了，可能不是由于这个演讲，而是因为他们一路的艰辛。阿克塞尔罗德在整个演讲过程中站在那里一直流着眼泪，为长途跋涉终于等到这个创造历史的晚上而泪流满面。普罗菲，坚强的竞选经理，看起来几乎和往常一样严肃，但是他承认，"我哭了，我一直在摇头。如果回头看看我们在过去18个～19个月所经历的一切，真是难以用言语来表达。现在终于再过9个半周，我就能让它成为现实了。"

奥巴马的参谋吉姆·麦西纳（Jim Messina）只睡了几个小时，这时电话响了。那是8月29日的早上，天还没亮，麦西纳和其他几个工作人员就去酒吧为奥巴马的精彩演讲庆祝狂欢了。

"快起来吧，"有人说，"他们选佩林了。"

麦西纳没有误会普罗菲沉闷、严肃的语气，但是他还没睡醒，有点迷迷糊糊。"去你的，"他说，"为什么叫醒我？别烦我。""我没开玩笑，"普罗菲接着说，"起来，把所有的成员都召集起来。"麦西纳赶紧从床上爬起来，想共和党一定是慌了，要不是到了绝望的地步绝不会选像萨拉·佩林那样的人。

奥巴马的飞机大约在上午9点从丹佛机场起飞，那时阿克塞尔罗德已经确认麦凯恩选佩林作为他的竞选伙伴了。他走到前舱告诉奥巴马和他的新竞选伙伴乔·拜登。拜登问，"谁是佩林啊？"

麦凯恩开始想找乔·利伯曼（Joe Lieberman）。这两人都是传奇式人物，都很正直坦诚。8月中旬，当《新闻周刊》的编辑乔恩·米查姆在竞选专机上采访麦凯恩时谈到了《战争风云》（*The Winds of War*），那是赫尔曼·沃克（Herman Wouk）关于二战最畅销的一本书，其中的主要人物是一个叫巴格·亨利（Pug Henry）的海军司令，最令麦凯恩欣赏。利伯曼——赫尔曼·沃克的一个朋友，此时正好坐在过道对面，监听着时报的采访。"让我们去看看赫尔曼吧！"利伯曼说。"好的。"麦凯恩大声地说道。于是两人就开始计划前往沃克加利福尼亚家的旅途。"我们可以摇这棵摇钱树了。"麦凯恩咯咯地笑着说（沃克居住在加利福尼亚棕榈泉酒店的富人区中）。麦凯恩愿意与利伯曼一起，因为他也不同意对伊作战，差点因此失去他在自由的康涅狄格参议院的位置。麦凯恩其他的伙伴林赛·格雷厄姆劝麦凯恩选利伯曼，因为他名义上是个民主党人士，这样就可以显示麦凯恩超越了国家的党派标签，而且也回应了民主党首次推举非洲裔美国人作为总统候选人的选择。"我们要以历史较量历史"，格雷厄姆宣称。

但是8月24日星期日那天，在亚利桑那州的塞多那市（Sedona）进行的一个高级官员秘密会议上，当麦凯恩在提出利伯曼的名字，考虑选他为副总统时，麦凯恩的首席助理阻止了他。他们提出警告说，支持麦凯恩的福音派人士已经很少。利伯曼赞成堕胎政策，如果选他的话就是与宗教权力对抗，甚至可能会在大会上引起纷争。民意测验专家比尔·迈克因塔夫（Bill McInturff）告诉竞选班子，这样一个竞选伙伴可能会使麦凯恩在重要投票者的支持率中下降20个百分点。中立派投票者或者中立的民主党人士的少许增加根本弥补不了这个差距。对于麦凯恩来说，要想在大选之前的短短2个月内处理好党团问题是十分艰巨的。

利伯曼的提名就此搁置了。麦凯恩的另外一个心腹，前宾夕法尼亚州的州长汤姆·里治（Tom Ridge）也是一名备选人员，但也被否决了。在最后挑选的候选人当中，只剩下明尼苏达州的州长提姆·帕兰提（Tim Pawlenty）、马萨诸塞州前州长米特·罗姆尼，还有一匹黑马——阿拉斯加州的州长萨拉·佩林。罗姆尼会起一定的作用；当国家经济正走下坡路的时候，因为他以前曾经是个商人，可能会弥补麦凯恩自己承认的经济知识的匮乏。但是麦凯恩在初选中实际上并不喜欢罗姆尼——他有太多的房子了（罗姆尼有 3 所房子，他和麦凯恩加起来一共拥有 10 处房产）。帕兰提是共和党在 11 月最想赢得的一个摇摆州广受欢迎的州长，所以帕兰提是个安全的选择。索尔特尤其喜欢他那社会精英的素质。

但是麦凯恩不想要这个安全的选择。一个高级顾问后来回顾说，告诉麦凯恩帕兰提很"安全"就"等于保证"了麦凯恩绝不会选他。经施密特和里克·戴维斯引荐，麦凯恩又开始询问关于佩林的情况。佩林担任了一届州长，通过雇用她自己党团的年长者来重组阿拉斯加的政治，因为这些人很大胆，而且目中无人，有点像麦凯恩。就在她参加阿拉斯加州会的周日早上，接到了麦凯恩的电话。通话很短，只用了大约 5 分钟，因为佩林在嘈杂的人群当中很难听到麦凯恩的声音。但是麦凯恩却心生好奇。他告诉索尔特和施密特让她飞到亚利桑那州来，然后仔细谈谈。

她在星期三到了弗拉格斯塔夫市（Flagstaff），施密特和索尔特与她进行了会面。这 3 个人一直谈到很晚。施密特和索尔特仔细明查暗访，寻找她与麦凯恩观点的差距，并且想办法缩短差距。佩林耸耸肩，对存在的所谓千差万别不以为然。"这算什么蛋大的事儿？"她反问道，嘴角挂着微笑，一贯的前卫少女般地装嫩，与发问者周旋着，一半是不屑，一半是挑逗。在索尔特看来，佩林特有的扁平舌口音，村姑般的媚眼，说话直接了当，宛如天女落入尘世，给凡夫俗子带来一缕清新。

索尔特很小心谨慎，他支持帕兰提，因为他体现了热情的美国中西部人的诚实可靠。施密特从一开始就很支持佩林。他认为她会受保守的平民派欢迎，她可以激励那些在布什执政期间卡尔·罗夫精心培养的共和党基层人士。施密特说，选了佩林，麦凯恩就会从奥巴马手中迅速夺回他的"改变"披风。索尔特不是第一次接受施密特的想法。在辛迪·麦凯恩一个生意合作人的家中，这两人试图想让佩林感觉到接下来的几个月是多么的残酷。她却好像没有害怕——丝毫没有。她站在她家人的前面，告诉麦凯恩的助理，她17岁未婚的女儿布里斯托尔（Bristol）怀孕了。佩林在星期三的晚上呆在弗拉格斯塔夫市。星期四一大早，施密特和索尔特就载着她到了塞多那的小屋中。在那里她和麦凯恩聊了大约一个小时的时间。后来，麦凯恩和他的妻子边沿着小溪旁散步，边处理所有权问题。上次麦凯恩与施密特和索尔特进行了商议。这两个顾问对麦凯恩说，佩林很勇敢而且是个坦白正直的人。但是她没有外交政策方面的经验，而且对国家的发展进程还不是很了解。麦凯恩没有花很长时间去做决定。到那个周四早上的11点，他就让佩林加入了他的队伍，佩林毫不犹豫地就答应了。

竞选活动对这个选择相当保密。麦凯恩的一个高级顾问查理·布莱克参与过早先对佩林的讨论，但就连他也是直到星期四晚上才知道。演讲稿撰写人马特·斯库里（Matt Scully）和高级顾问尼科尔·华莱士接到指示乘飞机去辛辛那提市，然后去个小的没什么特征的宾馆。他们到那之后，发现索尔特坐在街头抽烟，而施密特一直盯着黑莓手机。这两个人让他们去楼上，其他什么也没说。当他们从电梯里出来时，斯库里开始想门后面会是谁呢？科林·鲍威尔（Colin Powell）？施密特打开门说："见一下我们的副总统候选人。"斯库里反应了几秒钟才认出她是谁。华莱士刚刚做完根管手术，还受镇痛剂的麻醉，对此全然不知。

挑选佩林感觉就像游击队的突击，是个隐蔽的行动。索尔特、施密特和佩林州长都用假名在旅店登的记，假装回家团聚。海盗船回来了！麦凯恩被告知不许乱讲话，而且行为举止要像个传统政治家（避免负面广告和记者，只管照着提词器读就可以了）。麦凯恩以他的方式提出反抗——挑选一个颠覆分子的竞选伙伴——一个敢想敢为、直言不讳、自诩的曲棍球妈妈，在阿拉斯加，那些石油大亨都领教过她的厉害。

这既浪漫又有点冲动。麦凯恩的审核主要通过互联网来核对背景。戴维斯已经关注佩林好几个月了，但是好像竞选团还没有在阿拉斯加对其进行面试和深入调查。麦凯恩的一些助理对他选择的万福马利亚的性格有些不安。当大佬党候选人在 8 月 29 日星期五的早上，在俄亥俄州代顿（Dayton）的一个大学体育场向全世界介绍他的竞选伙伴时，麦凯恩的一个助理在后台看着，嘀咕道："我们正在做长距远投。"

当权威人士都争抢着发挥作用的时候，其他竞选顾问在一旁满心欢喜。一些记者甚至不知道如何读佩林的名字。但是在星期六的晚上，几个记者开始询问关于布里斯托尔的问题。她看了这人一眼，然后向一个竞选助理说，她看起来不错，而且怀孕了。这个助理说什么也不知道，但是施密特轻轻地拍了拍麦凯恩的一个朋友史蒂夫·杜普雷，让他去与佩林进行一次棘手的谈话。面对周围的记者，她向窗外望了望，说："我们有个稳定的家庭，我们已经处理好了这件事了。我们正要告诉布里斯托尔，我们会很好。让我们继续吧。你们还想知道些什么？"

第二天，当左翼博客开始怀疑 5 个月大的崔格（Trig）实际上是布里斯托尔的孩子而佩林却在为她的女儿隐瞒时，佩林表现得很冷静。一个助理告诉佩林他收到了来自"权威新闻机构"的电话，要求她提供崔格是佩林所生的体检证明时，她嘲弄说："没搞错吧？难道他们还想看我的妊娠纹么？"

在圣保罗的大会上，佩林完全不担心她刚刚加入的兄弟会。一天晚上，施密特和索尔特去她的宾馆传达通知。过了一会，刚洗完澡的佩林走了出来，两人看到她，都傻了眼——她全身只裹了条毛巾。她说："等我一分钟，你们先和我丈夫聊聊。"索尔特试着开始找到话题。他知道佩林的丈夫托德（Todd）是半土著阿拉斯加人，并且是雪机动车锦标赛的赛手。

"那请问雪上汽车和雪机动车有什么区别么？"索尔特问。"它们一回事，"托德回答说。"对，那为什么不叫它雪上汽车呢？"索尔特开玩笑说。"因为它是个雪上机动车，"托德答道。

随后，施密特和索尔特从屋里出来，这样索尔特就可以抽根烟了。"那个爱斯基摩人怎么样？他够地道吗？"施密特问道。索尔特只是耸了耸肩膀，又抽了一根烟。

麦凯恩喜欢佩林一家人。如果不是怕出乱子，他们会向"实话直通车"提供救济，然而这件事搞得大家还有点不愉快。州长7岁大的孩子派普（Piper）经常从乔·利伯曼的大腿上爬到他妈妈那里。林赛·格雷厄姆很喜欢让这个孩子在山露（Mountain Dew）上蹦蹦跳跳，他对这个饮料有点上瘾了。麦凯恩正和他的竞争伙伴谈论关于枪和野外打猎的话题。杜普雷做了件T恤，上面写着："我们的副总统候选人会打猎、射击、打扮和烹饪。乔·拜登一定出局。"佩林穿上这个衬衫，并且给了他一个拥抱。"我喜欢这个衬衫。"她说。

在麦凯恩做完提名演讲后的那个早上，他的助理们觉得他看起来要比前几周精神多了。麦凯恩为这个讲演做出了很大努力。在和索尔特讨论之后，他同意谈一谈他的战俘经历。索尔特个人非常担心麦凯恩会哽咽，但麦凯恩只对索尔特说，"坐在我能看见你的地方，好么？"讲演戏剧般地结束了，麦凯恩恳求民众，"坚持、坚持、坚持、加油！"索尔特在前排都跳起来了，边鼓掌边给麦凯恩做手势，在人们的反响中"冲浪"。麦凯恩过度劳累睡不着觉了，在半夜一点把格雷厄姆叫醒。"你觉得怎么样啊？"麦凯恩问。"上了本垒。"格雷厄姆答道。8个小时之后他依然神采奕奕。在威斯康星州的锡达堡（Cedarburg），他对佩林做了个手势，然后向人群高喊，"这难道不是国家有史以来最出色的竞选伙伴么？"与他的对手相比，麦凯恩的拥护者通常要少很多。但是有佩林在他旁边，人数突然增加到有奥巴马那么多——5 000、10 000、15 000 人。虽然很多是冲着佩林来的，但是这并没有影响麦凯恩。

为奥巴马效力的前希拉里旧部帕蒂·索利斯·多伊尔、妮拉·坦登和凯伦·顿（Karen Dunn）在电视上观看佩林的大会演讲。他们互相看了看，"这个女人很麻烦。"其中一个人说。

当媒体首次报道麦凯恩确定副总统人选的消息时，一向都沉着冷静的奥巴马总部也乱了手脚。"哦，玩完了。"早上有人在电话中大胆地说，焦虑的情绪迅速爆发。当听到一个职员竟敢说佩林是一个和奥巴马一样出色的政治家时，阿克塞尔罗德恼火了。他说他保证这个没有经验的阿拉斯加州长迟早会自我崩溃。普罗菲秉持他一贯的"不搞噱头的奥巴马"作风，让每个人要保持冷静，等待佩林热潮的逐渐平息。

一个高级助理后来回忆说，当奥巴马查看民调结果时，麦凯恩好像稍稍领先，这多亏了一批蜂拥的女性支持者，他才不用像奥巴马总部的人那样太担心投票情况。"这些天，人们感到了克里（2004年参加总统竞选，最后败给小布什。——译者注）和杜卡基斯的危机。"他回忆道。他们好像束手无策了，不知道怎么去回击这样一个在大会演讲中嘲笑奥巴马的女人。

奥巴马在北密歇根大街的总部并没有真的乱作一团——这种感情主义（在大多数竞选活动中是很正常的）是忌讳的。但是选佩林实在出人意料，所以许多职员感到有些慌乱。在令人讨厌的竞选活动中有个富有经验的助理，他走到那些职员跟前对他们说，"忘了她吧，是麦凯恩啊！"是想让那些职员明白他们要关注的是麦凯恩，而不是他的竞选伙伴。

媒体所报道的大量信息经常扭曲事件的真相和本质。几个月以来，最恶劣的谣言和阴谋理论都是针对奥巴马的：伊利诺伊州的议员在穆斯林的宗教学校受过教育，他发誓要按照可兰经行事，他从60年代起就和前"地下气象员"组织（美国的一个极左派组织，由其前身美国大学生民主会的成员于1969年成立。——译者注）的重要成员关系亲密。但是奥巴马的助理开始注意到媒体和博客世界都在谈论佩林——她想要使社会安全私有化，她读了极端右翼分子约翰·博奇（John Birch）的社会杂志，她还是想要将阿拉斯加从美国分离出去的政党的一员。奥巴马竞选军团除了看着这些谣言漫天传播之外什么也没做。"许多都是外界编造的，"奥巴马的助理笑着说道，"我相信这些传言往最坏里想是真的。"即使不是真的，借用喜剧演员斯蒂芬·考伯特（Stephen Colbert）所说的那至少听起来是真的。这个谣言开始在一些关键地区削弱了佩林的士气，像佛罗里达那样的摇摆州。住在公寓大厦的资深人士们认为佩林是个危险的右翼人物。

另外这个助理将电视专家和互联网博客的世界比喻成一个小孩们的足球比赛。一群人从一个话题转移到另一个话题，就像周六早上一群孩子边喊边追足球的场景。其中的诡计是尽量在某个方向轻轻地带球，然后所有的孩子都会跟着跑。有时这就跟把一些新闻故事综合一下然后传到网上一样简单。一些记者来到阿拉斯加，调查佩林把阿拉斯加州骑兵的长官调走一事，因为他拒绝解雇与佩林和不来的前妹夫。奥巴马竞选军团没想到这件事会广泛传播。当佩林的提名引起骚乱时，记者们把注意力从奥巴马转到了佩林身上。尽管奥巴马阵营已经准备好了对佩林的负面报道做些研究，但当调查记者，比如像《新闻周刊》的记者迈克尔·伊西科夫采访的时候，奥巴马助理在 9 月中旬时还说"这些报道对我们来说没有意义"。伊西科夫一直在写奥巴马与托尼·雷兹科的关系问题。现在他正在写阿拉斯加州的"州警门"。"我想，去吧，麦克！"助理说，"尤其要带着报道到底的动力。"

谁能扭转金融败局

9 月中旬，麦凯恩在佛罗里达州时，金融危机爆发。一开始，影响力巨大的风投银行机构雷曼兄弟宣布申请破产，接着是庞大的保险公司美国国际集团急需向美联储要求拨款，然后是巨大的美林公司破产，被拍卖给了投资银行摩根·斯坦利。在杰克逊维尔的一个集会中，麦凯恩在他的政治演说中又把一些陈词滥调拿出来炫耀了一番。"我们国家的经济基础十分牢固，"麦凯恩强调说，正如他这几个月来一直坚持的那样，"但是现在处于非常非常困难的时期……我向你们保证，我们绝不会再让美国处于这种处境。我们将整顿好华尔街。我们会对政府进行改革。"

在奥巴马总部，对抗小组争分夺秒，抓紧一切时间。"我们在YouTube上播放视频，我们拿它到处宣传。"一个助理回忆说。民主党国家委员会一条电子文件中写到"麦凯恩说经济是'牢固的'"。在科罗拉多州，奥巴马公然嘲弄麦凯恩，并没有很隐晦地描述了一位72岁参议员精神上的落伍。"我并不觉得约翰·麦凯恩不关心美国人民现在的生活情况。我只是觉得他不知道。今天，就在几小时之前，他还说我们国家的经济基础是牢固的呢。请问议员，你说的是什么经济啊？"

现在轮到麦凯恩抓到弱点、出其不意地做出回击了。他的竞选军团努力解释所谓的 "基础"是指美国工人，如果奥巴马不同意他的观点，那么，这个伊利诺伊州的议员就分明是反对美国工人。这个逻辑真是蛮横，就连一般的旅游媒体也大声地笑了起来。

麦凯恩，这位越战中的飞行员，开始了俯冲和转向。在"今天"的演讲中，他宣称，"我们处于危险时机。我们完全陷入危机。"他呼吁一个"9·11"式的委员会去调查到底出什么差错了。他在即兴演讲，这让他的竞选班子成员都感到很惊讶。奥巴马又一次发起攻击，嘲弄麦凯恩搬出"书中最老套的绝招——把责任推卸给委员会，让他们去研究这个问题"。麦凯恩从此再也没有提过委员会。

但是他仍然蹒跚前行。他说，作为总统，他会解雇有价证券和兑换委员会的主席——克里斯·考克斯(Chris Cox)。有人指出，总统没有解雇有价证券和兑换委员会主席的权力，因为这个职位是定期的。麦凯恩现在以一种宽容的方式，称考克斯是"不错的人"，但是无论怎样他会要求他辞职。

麦凯恩竞选军团的口号是"国家第一"，对于麦凯恩来说不只是个口号。这是他的生命和他家祖传下来的遗训。所以当经济危机愈加严重的时候，财政部部长亨利·保尔森（Henry Paulson）宣称行政部门会要求国会拨 7 000 亿美元援救要破产的金融机构；麦凯恩第一反应就是要投入。他把自己看做泰迪·罗斯福（Teddy Roosevelt）——"竞技场上的人"，然而他却是深夜里人们奚落的笑柄。

9 月 24 日早上，巴拉克·奥巴马给麦凯恩打电话讨论一个联合声明，是关于"让我们通过政治崛起——签署救援法案"的声明。奥巴马一直在和保尔森、美联储主席本·伯南克（Ben Bernanke）保持通话。奥巴马做事谨慎的本能告诉他，自己应该置身于国会和行政部门的商议之外。他告诉他的助理，只阐明一些主要原则——加强两党联合，帮助华尔街，削减高级行政人员离职补偿金，等等。行政部门的高级金融家深谋远虑给奥巴马留下了很深的印象，他不想将如此精密的商讨过程政治化。他轻蔑地称乔治·W·布什的任职时期为"难以置信的收缩任期"。 他想以一种从容不迫的方式，设法将让他的对手进入无党派纷争的和平时刻。

但是麦凯恩并不急于给奥巴马回电话。麦凯恩的助理们后来说，在奥巴马做好自己的计划之前麦凯恩不会与他会谈。那个下午大约 2 点半，麦凯恩给奥巴马打电话说他正在考虑搁置他的竞选活动，要求推迟第一场辩论（原定两天之后），以此要求华盛顿也加入这次谈判。在这两个人挂断电话 5 分钟后，麦凯恩就向公众宣布了他的计划。这令奥巴马的顾问们目瞪口呆。出于对手竞选阵营的一向多疑，奥巴马班子成员就觉得麦凯恩某种程度是在向奥巴马发出挑战——一开始拒绝他的电话，后来又告诉他返回华盛顿的详细计划，既而将延迟竞选公布于众。面对记者，奥巴马似乎对麦凯恩反复无常的行为困惑不解，在他看来没有必要推迟辩论——总统们一定要有能力同时做两件事，美国现在比任何时候都需要听取候选人的意见。

麦凯恩本打算那天晚上去戴维·莱特曼（David Letterman）那里，但是最终取消了行程。他会见了哥伦比亚广播公司的凯蒂·库里克(Katie Couric)。那个夜晚出现的滑稽场面是很残忍的。麦凯恩被嘲弄，因为他刚刚在哥伦比亚广播公司的化妆室化妆完毕，就急忙地返回华盛顿。莱特曼把麦凯恩说成是一个纤维素过多的老态龙钟的傻瓜。

麦凯恩处在一个艰难的境地。和奥巴马一样，他已面临严峻的警告，整个金融系统处在危险中，如果国会到周一不通过拨款援救法案的话，那么一场灾难性的信用危机就会爆发。同时，他从国会大厦的朋友那里获知，议院共和党人士对行政部门的救援行动计划非常的机敏。如果他暂时避开了法案还不成功的话，那么他知道他就会受到谴责。不像奥巴马，他不能置身于这个矛盾之外。"卷入其中是我们唯一可以采取的行动。"索尔特后来说。但是麦凯恩的传奇式的控制倾向影响了他的政治判断。他以为他急忙返回华盛顿是在扭转败局，但是华盛顿人并不想让他这么做——不仅仅是民主党人士，就连他自己的共和党人也丢弃了他。通过2007年寻求道德规范改革和就移民问题的妥协政策，麦凯恩与许多走强硬路线的共和党国会议员形式了对抗。当麦凯恩到国会时，没有共和党领导人和他联盟。"他们非常不喜欢他。"麦凯恩的一个助理很遗憾地承认到。麦凯恩给参议院主要领导哈里·里德打电话告诉他计划，这个民主党领导人冷冷地读了一篇控告麦凯恩来华盛顿就是为了展示一张"照片"的新闻稿。"帮帮忙吧，哈里。"麦凯恩心里对里德抗议，他们已经认识将近30年了。挂断电话，麦凯恩只是大笑一声，摇了摇头。麦凯恩让布什召集所有的国会领导和政坛候选人到白宫，但是这个会议却最终成了愤怒的闹剧。在民主党人士发完言之后，布什转向白宫共和党领导约翰·博纳（John Boehner）。博纳对总统说他不能征集共和党重要的投票使法案通过。争吵爆发了。坦率直言的民主党人士、众议院银行委员会主席巴尼·弗兰克（Barney Frank）问麦凯恩到底站在什么立场上。麦凯恩一直保持沉默，不想触犯他的共和党朋友（麦凯恩后来告诉他的助理，争论开始时他想，"究竟发生什么事了啊？"感觉好像走进一场奇怪的演出会场）。当奥巴马对他的助理提起这件事时，只是一直摇头。他告诉他们，财政部秘书长保尔森跪下来向白宫发言人南希·皮罗斯（Nancy Pelosi）乞求不要宣扬这件事。"亨利，我不知道你是个天主教徒。"她说。她让他去求议院共和党人士。

商讨在第二天——星期五的时候再一次地恢复了秩序，麦凯恩确定他终于可以进行辩论了。但是当他周六从辩论会场回到华盛顿，要求参与商讨时，他被回绝了。麦凯恩又开始打电话，努力为法案的通过争取支持。当周一救援法案成为一个令人难过的失败时，很明显，麦凯恩感到非常痛苦，因为他没有能力集结他自己党派的人，即使是认可麦凯恩、对这个法案投支持票的4个来自亚利桑纳州的国会议员。

乔·拜登和萨拉·佩林在万众瞩目的副总统候选人辩论会上彼此祝福。
（照片提供：《新闻周刊》查尔斯·翁曼尼）

A Long Time Coming

第 **6** 章

激烈辩论

The Great Debates

　　奥巴马心知肚明，真正的挑战不在于他对国家政策
有多熟悉，也不在于他对国防支出内幕有多了解。他需
要展示的与其说是巧言令色，不如说是真正的领袖气质。

当麦凯恩暂停竞选遭到媒体大肆嘲讽后，他的顾问便将其惨败归因于史蒂夫·施密特——本次竞选活动的总战略师。史蒂夫·施密特不断采取果敢的措施，努力寻觅一个能够在瞬间反败为胜的捷径。然而，当麦凯恩不得不去华盛顿以后，却因这位战略师的鲁莽和盲目而陷入了僵局。"麦凯恩并不是想要什么花样。"一名助手解释说。但绝大多数新闻报道者都评论说，此次麦凯恩匆匆赶回华盛顿的意料之举是个小把戏——是麦凯恩团队为了赢得竞选而使出的一计险招，也就是说这是他并没有经过精心安排的战略部署。

对于麦凯恩声明暂时取消竞选并推迟第一场辩论这两件事，奥巴马竞选班子从没当过真过。他们注意到麦凯恩取消了酒店客房的预订和他的大部分宣传计划，或是"很长时间以来"不出席总统辩论通告委员会会议。麦凯恩的一些工作人员后来承认道，他们并没有打算不让他出席辩论。奥巴马对于这一系列小插曲有些愤怒。当第一次听说麦凯恩前往华盛顿时，奥巴马对此不予理睬，仍然在白宫继续和这种装腔作势的把戏周旋，他之所以对此深感厌恶，是因为这样会使他错过准备辩论的宝贵时间。不过他也没有对此有过太多的抱怨，因为这样做没有任何意义。不久之后他便发现麦凯恩其实是自取其辱。

辩论台上的巅峰对决

奥巴马小心谨慎、坚持不懈地准备辩论。他知道他在 8 月份的马鞍论坛（Saddleback forum）的表现很平庸，甚至可以说是一大败笔。在正式辩论的预演中，两位候选人同意在加利福尼亚州的大教堂分别接受畅销书《标杆人生》（*Purpose Driven Life*）的作者华理克牧师（Rev. Rick Warren）的采访。麦凯恩做出了简短有力的回答，大部分评论员都认为他在当天的表现更胜一筹；而奥巴马则败在其冗长的教授风格式的答语上。华理克牧师对两位候选人提出相同的问题，奥巴马的助手们抱怨，说很有可能是其助手在奥巴马先前接受访问时暗地里用手机录音，所以麦凯恩才提前知道了这些问题。麦凯恩的顾问则反击说，麦凯恩根本毫不知情，一方面是因为他本人尊重竞选规则，另一方面是其助手担心他一旦得到消息，会绞尽脑汁想要战胜奥巴马，而因此分神。

总结了三次失败的官方总统辩论失败的经验教训，从 9 月末到 10 月中旬，奥巴马几乎每个星期都制订出详尽的计划，就像准备参加一次司法考试。为了不让别人觉得自己对国防领域一知半解，他熟记各种新式武器名录。但他心知肚明，真正的挑战不在于他对国家政策有多熟悉，也不在于他对国防支出内幕有多么了解。他需要展示的与其说是言语层面的，不如说是更深层次的——真正的领袖气质，这就是他的助手不断提醒他要有总统的气质和风度的原因了。

第一场辩论的题目是外交政策，这可是麦凯恩的强项。奥巴马没有对此提出异议。与其避而不谈，倒不如针对自己的弱势尽快做出调整和改进，超水平发挥。针对华盛顿目前正面临的金融危机，美国公共广播公司主持人吉姆·莱勒（Jim Lehrer）提出的第一个问题自然聚焦在财政援助和经济危机上。但这也难不倒奥巴马，奥巴马的目的是要表现出自己已经做好了应对这场金融危机的准备，而不是日后进了总统办公室再临时抱佛脚。

在辩论准备阶段，奥巴马的顾问们再三叮嘱他：不要带有个人感情色彩；要保持冷静和理智的头脑；时刻要表现出总统所应具备的气质；选举人知道你象征着变革，你必须说服他们把你当做总统。

"领袖气质和自控能力很重要，我们告诉他：进去之前把这两点写在便条上"，乔尔·贝嫩森（Joel Benenson）说道。他是辩论准备小组中的一位民调人。候选人不准随身携带便条，但他们可以在演讲台上做记录。贝嫩森后来对《新闻周刊》的一个记者说他怀疑奥巴马没有将他们的建议写下来。候选人并不需要这么做："他知道这是他的任务。"贝嫩森说。

奥巴马在国家安全领域面临着麦凯恩的强势威胁，同时他也面临着一个难以颠覆的窘境，一个诅咒——在过去28年中，民主党有20年都被据之白宫门外。自吉米·卡特（Jimmy Carter）时代以来，大部分美国人一直在民意调查中表示他们在安全问题上对共和党更加信赖，不论是在国内安全问题还是国际安全问题上。套用有些不足为信却仍然颇有影响力的老话可以帮助我们更容易理解上句话的含义：

民主党是母亲党派，他们懂得安抚穷人和弱势群体；

共和党是父亲党派，他们懂得保护家庭安全不受威胁。

在辩论中，奥巴马以一个"父亲"的姿态出现是十分必要的。他希望麦凯恩的形象是一个住在顶楼的怪脾气叔叔。

夏末这段时间，奥巴马都在反复演练，到了9月份，他的演练更加频繁和密集。麦凯恩的角色由格雷戈里·克雷格扮演，早在2006年，奥巴马风趣地称他为"酷毙助理"。他是华盛顿一流的律师。克雷格鼓励奥巴马参与竞选，并主动请缨成为他的非正式外交政策顾问。作为一名诉讼律师，克雷格思维敏捷，在必要的时候显得十分强悍。他们试图让麦凯恩像一个乳臭未干的毛头小子，心服口服地输给奥巴马，为此克雷格扮演起相应的角色。"你没资格跟我谈战争，"克雷格在辩论演练中对奥巴马怒目而视，"更别提在战斗中如何进行部署了。我在越战开飞机时，你还在上小学呢！"

经过反复演练，奥巴马表情严峻而坚定，既不失尊重和礼貌，同时表现出当仁不让的气魄。他排练着向麦凯恩进行反击的那一刻，开场白是这样的："你在伊拉克问题上的观点是错误的……"并且不厌其烦地列举麦凯恩的诸多错误论断。奥巴马竞选班子推断麦凯恩会谴责他在2007年夏天的一次民主党辩论中，主张与伊朗领导人穆罕默德·艾哈迈迪·内贾德（Mahmoud Ahmadinejad）和古巴领导人菲德尔·卡斯特罗（Fidel Castro）直接对话。奥巴马竞选班子指导奥巴马要指出麦凯恩过分排斥个人外交，甚至拒绝会见西班牙总统。

奥巴马表现出超乎寻常的冷静甚至冷酷，但他在辩论准备阶段却表现出愚拙的一面。在声讨麦凯恩拒绝与西班牙总统对话时，他表情严肃，语气坚定。"你竟然拒绝与西班牙总统对话！"他用庄重而嘲讽的语调说道，随后却咯咯地笑起来。麦凯恩曾说过对阿富汗"胡乱应付一下"，教练指导奥巴马要对该言论进行抨击。"胡乱应付一下！"奥巴马忍不住叫出来，笑得更厉害了。对这种略带嘲讽意味的慷慨陈词，他似乎总是难以严肃对待。

奥巴马的话语总是散发着讽刺意味，即便在他为一生中最重要的公开露面做准备时，他仍不忘这种喜剧性舒解。在精心策划的奥巴马竞选全过程中，凡事都不存在侥幸可言。佛罗里达州克利尔沃特（Clearwater）的排练室逼真地再现了奥巴马与麦凯恩即将在密西西比大学进行的第一轮辩论场面。这场排练没有遗漏任何一个细节。演讲台设置在异常精确的位置上。奥巴马晚上排练，以适应生理节奏。第二轮演讲在市政厅举行，顾问们反复叮嘱奥巴马就座时要小心握好身旁的麦克风，而不要将其立在膝盖上。顾问们4年前对约翰·克里也有过同样的嘱咐。"让候选人记住建议并不难。"一名助手坦言，"你所要做的就是给他们放一段录像。"

奥巴马的辩论指导教练是迈克尔·希恩，他是一位研究心理战术多年的资深指导员，对奥巴马这位参议员所表现出来的冷静刮目相看。奥巴马总是能够很好地控制自己的情感。准备阶段的一天下午，奥巴马恳请取消当天的会议。"我有点累了。"他告诉满屋子的助手，"我想回房休息半个小时，这样才能保持良好的工作状态。"他30分钟后重新出现在大家眼前，已经处于工作状态之中了。奥巴马一如既往地镇定自若，对自己的情绪和精力掌控自如。奥巴马当时是这样对希恩说的："迈克尔，我累了。"他几乎从不抱怨，西恩回忆。他总是从容不迫，不以物喜，不以己悲，离开公众场合以后他总有办法退回到自己的小世界里。

在一次辩论预演中，保险丝突然断了，灯光忽明忽暗，就像 20 世纪 70 年代迪斯科舞厅里的闪光灯。奥巴马站在演讲台后，清唱起《迪斯科地狱》(*Disco Inferno*)、《周末狂热夜》(*Saturday Night Fever*) 这些过去的流行歌曲。

第一轮辩论当天，在密西西比州首府杰克逊，奥巴马和他在芝加哥的密友瓦莱丽·贾勒特、埃里克·惠特克和马蒂·内斯比特一起吃午餐。他沉着冷静，贾勒特回忆说。他谈到自己已经竭尽全力，还说不管结果如何，自己都没有遗憾。后来登台辩论时，奥巴马频频礼貌地向麦凯恩问候了 11 次，但这不意味着他会任人摆布。麦凯恩称对手的观点"幼稚"而"危险"，奥巴马对此却予以冷静的微笑，没中他的圈套。既没有对对手进行致命一击，也没有出人意料的表现，这出戏中规中矩，简直就是在一个高度程式化的歌舞剧院进行的一场演出，并未更多地谈论当前局势，倒是说起一些陈旧的老话题，与其说是积极面对挑战，不如说是顺应常规政治模式（一味歌颂美国人民的善良，不要求他们做出牺牲）。从某种意义上说，候选人似乎与金融危机毫不相干。当被问及是否支持众议院迟迟没有通过的紧急财政援助法案时，他们表现出不温不火的支持态度；当被问及他们在竞选中的承诺是否需要缓和时，两人都闪烁其词。

希望此次辩论像职业拳击赛那样精彩的实事播报员不禁对此大失所望，将此次辩论视作职业拳击赛。有人认为麦凯恩频频挥拳，理应略胜一筹。然而在随之而来的民意调查中，奥巴马却出人意料地博得多数支持。麦凯恩开始时表现得过于低调，后来却显得有些恼羞成怒。尽管莱勒建议候选人之间尽量直接对话，麦凯恩却不肯与奥巴马对视。结果导致了角色逆转，与辩论前的预测大相径庭：更具有总统气度的候选人是奥巴马。

麦凯恩的助手们回放了录像，一个助手问他："你为什么一直不肯正视奥巴马？""因为你让我别看他！"麦凯恩回答。这点毋庸置疑，麦凯恩的辩论指导教练布雷特·奥多内尔（Brett O'Donnell）曾注意到奥巴马在反击时会直视对手，于是告诉麦凯恩不要与奥巴马对视，免得手足无措。哪知麦凯恩对这条建议的理解太过片面。"我们不是让你自始至终不看他一眼。"一个助手指责道。顾问还让他在说"我的对手不明白什么呢"时缓和一下气氛。玩过无数次晨间脱口秀的麦凯恩已经习惯于直接面对镜头谈话，而不是对着演播室里的主持人。这样一来他的经验反而对他产生了负面影响。

在麦凯恩预期看来，准备辩论和学校里准备考试大同小异。准备阶段的排练可以说是"一团糟"。据其高级顾问回忆："候选人一开始就对辩论排练十分反感，到后来更是忍无可忍。"直到离第一轮辩论开始的3个星期以前，麦凯恩才选定众议院议员罗布·波特曼（Rob Portman）扮演奥巴马的角色（克雷格则为扮演麦凯恩准备了好几个月）。排练一开始，麦凯恩就卖力地表演，揣度自己可能遭到的反击，然而过多的意见往往适得其反。几乎所有人都出席了，包括所有高级竞选助手，再加上"临时出席的参议员"。据一名顾问叙述，他为第二轮辩论做准备时，当时众说纷纭，各抒己见，该顾问后来感到惋惜，"这让他忙得不可开交。"

麦凯恩喜欢采纳来自各方对演说方式的不同意见，他登台前便思索："我得记住 15 件事，该是哪 15 件事呢？"他的一名顾问回忆说："他没有展现自己，也没有散发出人格魅力。"他习惯于参议院中细节性的辩论模式，对于自己的政治观点被断章取义成新闻摘要，麦凯恩深表不满。第二轮辩论中，"实话直通车"节目的魔术师（charmer）和主张裁减军备者（disarmer）的即兴问答环节被删减，如此一来，市政厅模式的这场辩论对麦凯恩来说简直是如鱼得水。

很多顾问告诫麦凯恩不要太过挑衅。他们回忆说，1 月份在进行的预选辩论中，他对米特·罗姆尼异常尖刻，几乎到了野蛮的地步。麦凯恩笑言他只不过试图从对手的思维模式中挣脱，但马克·索尔特却插话说："拜托，约翰，那简直是在伤口上撒盐。"

麦凯恩的指导教练担心他会公然蔑视奥巴马。麦凯恩谴责他的对手浮夸，他觉得奥巴马虚伪做作，也看不惯奥巴马披着大衣，昂首阔步的镜头。对憔悴的麦凯恩来说，自己受过伤的胳膊连梳理头发都很艰难，奥巴马那挥洒自如的动作无疑是在卖弄。

在第二轮辩论的准备阶段，这种张力愈发明显，10 月 7 日在田纳西州纳什维尔市政厅举行。类似于皮格马利翁效应（皮格马利翁，希腊神话中的塞浦路斯国王，善雕刻。他不喜欢塞浦路斯的凡间女子，决定永不结婚。他用神奇的技艺雕刻了一座美丽的象牙少女像，并向神乞求让该女子成为自己的妻子。爱神被他打动了，于是赐予雕像生命，并让他们结为夫妻。"皮格马利翁效应"成为期待就意味着成功的代名词。——译者注），索尔特试图将约翰·麦凯恩编写到他们的伟人丛书中去——言辞率直雄辩，谦逊中透露出高贵和伟大。

据一位参与辩论准备阶段的助手观察，索尔特简直已经"被上紧发条了"，"他迫使约翰在发表意见时用和他一样的论调。"星期六的例会在菲尼克斯拉迪森酒店（Radisson Hotel）一个昏暗的会议室举行，麦凯恩似乎对他的竞选心烦意乱。但他始终保持着幽默感。"杜普雷！" 他偶尔会对坐在身后读书看报的好友史蒂夫·杜普雷大叫，"你怎么还没睡着？"有一次，麦凯恩在回答主持人的问题时表现得有失水准。主持人由查理·布莱克扮演，他当时表演得十分入戏，在限时预演中，甚至不让麦凯恩和波特曼去卫生间。屋子里的每个人，包括麦凯恩在内，都知道这个答案很离谱。索尔特起身说："这个回答完全错误。"麦凯恩瘫坐在椅子上，十分沮丧。"我们放弃吧。"他有些气急败坏，他想去塞多那（Sedona）的小木屋。次日，精英竞选班子在亚利桑那州的烈日下进行集中演练。麦凯恩恢复了他往日的幽默，开始和竞选班子成员们说笑。"我是不是应该犒劳你们呢？"吃晚饭时他笑着问。

为了缓和第一轮辩论之前的紧张情绪，麦凯恩的顾问给他播放了 YouTube 上的一段视频，乔·拜登鼓励集会中的一个拥护者站起来，谁知这个人竟坐着轮椅。麦凯恩被拜登的亲切健谈所感染。对手是他而不是麦凯恩阵营最担忧的希拉里·克林顿，麦凯恩着实松了口气。10 月 2 日的副总统辩论中，麦凯恩有些幸灾乐祸地看到萨拉·佩林激怒了拜登。麦凯恩和一些助手一起看电视时惊呼："他看起来只不过是个恼羞成怒的老参议员。"顾问成员鸦雀无声，不确定麦凯恩的这种带有自嘲意味的评论是出自真心还是假意，一心希望他能及时从中反省自己，为 5 天后即将来临的第二轮辩论完善一下自己的表现。

麦凯恩迟疑着走上台前，受过伤的胳膊显得十分僵直，口中反复说着"我的朋友"，这个表达方式后来丧失了它的意义。奥巴马呆坐在自己的座位上观看着，一直没发表让人印象深刻的言论，因此在选票上没有太大突破。麦凯恩的助手后来对《新闻周刊》的记者抱怨，市政厅模式的这场辩论太过儿戏，主持人汤姆·布罗考（Tom Brokaw）提出太多问题，候选人根本没办法在短短 2 分钟的答语中感染选举人。但这些无关紧要，第二轮辩论当日下午，道琼斯指数猛跌 500 点。随着经济走滑坡路，民主党候选人突破了 8 年的共和党重围，奥巴马的好运随之而来。

末路英雄命悬一线

麦凯恩本可以表现得完美无瑕，却难以改变经济现状。市政厅辩论结束后，索尔特、施密特与十几个一直随行的记者成员在纳什维尔的一个 KTV 欢聚，已经几个月没和媒体记者午夜狂欢了。索尔特在大学时代是乐队成员，于是大家起哄让他唱几曲，喝了几杯后他便乐此不疲。在记者的坚持下，施密特和他一起合唱了约翰尼·卡什（Johnny Cash）的《福尔森监狱调》（*Folsom Prison Blues*）。由于酩酊大醉的记者一再要求，施密特还唱了《高高的落基山》（*Rocky Mountain High*），可后来他便走开了，一个人静静地呆着，思考着……施密特疲惫不堪，他健硕的体魄也难以承受竞选中的巨大压力和挫折，他犀利的眼神也因为倦怠而失去了往日的锋芒，对于政治问题不予理会，而是只言片语地谈论着自己的家庭。索尔特和平时没有什么不同，走到哪都穿着灯芯绒上衣，低吼着"再来首鲍勃·迪伦（1941 年 5 月 24 日生，有着重要影响力的美国歌曲创作人、民谣歌手、音乐家和诗人，获得 2008 年诺贝尔文学奖提名。——译者注）的歌！"他把鲍勃·迪伦的歌唱了个遍。记者也大声欢唱酩酊大醉，拉着索尔特加入他们的男子乐队尽情舞动。很久没看到索尔特玩得如此尽兴。

索尔特一直对施密特毕恭毕敬，毕竟这个麦凯恩的演讲誊写员比竞选的总策划大 15 岁。但施密特很有领导欲，索尔特则喜欢充当观察者和顾问的角色。两个人不动声色地相互调侃和自嘲。索尔特取笑施密特不擅长算术和诵读，连读选票都读得很牵强。但索尔特对施密特的筹划能力以及对候选人感召力的独到见解表示钦佩和赞许。随着竞选举步维艰地走过 2007 年夏天，施密特策划了"绝不认输"游行。7 月份，他通过"名人"广告使竞选重现生机。索尔特还对施密特对待媒体的怀疑精神大加赞许。有一次，索尔特拒绝让两个喜欢品头论足的网友上"实话直通车"节目，施密特对他的坚定表示赞赏。两位顾问成功制止麦凯恩阅读《纽约时报》上的新闻报道，免得他像 9 月末看过一些评论性文章后一样心烦意乱。

索尔特无论面对媒体还是在竞选过程中都从不批评施密特。他愿意尊重麦凯恩的告诫，不在背后诽谤他的高级顾问，他们也成了亲密的好友。施密特断然指责媒体关于他与索尔特不和的传言，但他们的确不像从前那样密切往来，一部分原因是施密特更多的时间在总部工作而不是公开露面。一天晚上在酒吧，施密特走过来时，记者们的注意力马上从频频公开亮相的索尔特身上转移开而集中到很少露面的施密特身上。索尔特戏言："施密特从不轻易与人交谈，他对此不屑一顾。"

尽管不肯向《新闻周刊》承认这一点，索尔特似乎因竞选中没完没了的抹黑攻击而深受困扰。奥巴马在竞选中也不是一贯光明磊落、亲切待人的——至少有 1/3 的奥巴马宣传广告是攻击麦凯恩的。在奥巴马宣传广告中，直言不讳地指出麦凯恩的"偏执"是上了年纪造成的。奥巴马的广告撰写人利用民主党的诡计——毫无根据地哄骗那些年长的选举人，声称麦凯恩将会使他们的社会福利减半。到10月上旬，所有对麦凯恩的宣传和报导都是负面的。媒体越来越多地将他刻画成一个凄苦的老人。这点让索尔特有苦难言。一直以来，他想尽办法把约翰·麦凯恩打造成一个无私奉献的英雄形象：麦凯恩自己也颇为憧憬的理想化形象，而现在的情势似乎与他们的初衷背道而驰。

尤其让索尔特头痛的是，一则麦凯恩的宣传报道指出奥巴马想在学龄前儿童中普及性教育，他预感《纽约时报》一定会用整个篇幅斥责麦凯恩。但高级竞选班子的成员似乎对《纽约时报》的谩骂已经司空见惯，不痛不痒了。施密特试图在竞选中将"灰色女士"（Gray Lady，《纽约时报》的绰号。——译者注）一直拒于千里之外。尽管民意调查表明此举有助于巩固共和党的民众基础，索尔特强烈反对，认为这样做太莽撞，而施密特也只好让步。

至于索尔特，"我们叫他'麦凯恩夫人'。"一个高级顾问戏言，"我参与过许多竞选……候选人的妻子常常掀起点小风波（a bit of a problem）。因为她的工作性质很特殊。我们的任务是让某某候选人赢得竞选，而她的任务则是保护她的丈夫不受伤害。这两个意愿往往相互冲突。"《新闻周刊》的一个记者问策略专家索尔特是否尊重麦凯恩的意愿和喜好。"如果他们真是对夫妇，你根本看不出破绽。"这位顾问回答道，"至于麦凯恩真正的妻子，她没制造任何麻烦，我对辛迪心生敬意。"

4月中旬，一位高级顾问对《新闻周刊》的记者提到："最近以来，索尔特和史蒂夫之间分歧更多了，我想是因为我们正在把麦凯恩引向歧途。坦白地说，事实的确如此。这就是焦土政策（焦土政策指的是目标公司大量出售公司资产，或者破坏公司的特性，以挫败敌意收购人的收购意图。——译者注）和将损失降到最低的区别。"

佩林的媒体推广政策是一个极有杀伤力的武器。副总统候选人常扮演袭击者的角色，让他们的竞选伙伴在对峙中脱颖而出。然而佩林对奥巴马发起的猛烈攻势导致的结果是，麦凯恩被迫尴尬地夹在中间左右为难。

负责指导佩林的是曾参与过布什与克里竞选、擅长强硬政治战略的尼科尔·华莱士。华莱士受聘于施密特，是美国哥伦比亚广播公司的一个播音员。她产生了一个愚蠢的念头：让佩林只接受立场明确的媒体采访，于是开始填鸭式地将一系列话题灌输给她。看到佩林面对凯蒂·库里克的提问茫然无措，场面十分尴尬。多亏了 YouTube 让 1 000 多万选举人亲眼目睹了这个场景。"她其实一点都不笨拙。"一名麦凯恩高级顾问评价到，"她很聪慧，是我们害她表现得这么拘谨不安。"一些麦凯恩的竞选工作人员尖锐地批判这个布什和克里的校友，施密特一心扶植上台的人。

鉴于她是麦凯恩的追随者，华莱士和其他人开始措手不及地为佩林的表现加以弥补；他们始终没有意识到，麦凯恩必须做回他自己。华莱士义不容辞地担负起责任："我向人透露这是我的愚蠢战术，"她告诉《新闻周刊》的一位记者，"我应该被解雇。本着艾森豪威尔勇于承担责任的精神，我已经两次递出辞呈了，但没被批准。"事实上，华莱士的处境也很尴尬：佩林已经不怎么让她指导了。在一次网络对话节目中接受美国广播公司记者查理·吉布森（Charlie Gibson）的采访时，佩林表示她拒绝让华莱士帮她准备库里克的采访，因为她的管理太过疯狂了。

佩林与乔·拜登进行辩论时处理得很巧妙，主要表现在成功地回避了"精英媒体"[美国公共广播公司格温·艾菲尔（Gwen Ifill）]的提问。她还号召在场的忠实信徒："上帝保佑美国，保佑你们每一个人！"在佛罗里达州克利尔沃特9月炽热的清晨，她的激情持续了一段时间。一面巨大的美国国旗在她头顶迎风飘扬。"钻钻钻 Drill，baby，drill！"（共和党大会上的口号，"钻钻钻"指在美国钻油。——译者注）几乎完全由数千白人组成的人头攒动的人群高呼着。她开始将矛头指向奥巴马："我恐怕这个人不像我们在场的每一个人这么了解美国。"

她谈到美国前恐怖组织"地下气象员"成员威廉·艾尔斯（William Ayers，伊利诺伊州立大学教育学教授，20世纪60年代他曾是美国左派组织"地下气象员"的骨干。作为美国反越战的先锋，该组织曾发动了针对芝加哥商业区和美国国会大楼、五角大楼等的恐怖袭击。而随着越战结束，该组织日渐式微。艾尔斯1981年向警方自首，最终被无罪释放。——译者注），他在芝加哥从政时与奥巴马相识，"恐怕在他眼中，美国存在很多弊病，不惜愿意与与人民为敌的前国内恐怖分子为伍。"她说。

佩林身着利落的上衣和套裙，高雅迷人（政客称麦凯恩竞选花了15万美金包装她和她的家人）。她在费城贝勒特公司面对工人阶级人群慷慨陈词，几天后，听众中爆发出一声大喊："你真是个大美人啊！"台上的约翰·麦凯恩笑了，辛迪也跟着笑起来。佩林脸上露出迷人的微笑，马上接话："这有什么办法呢？"

但在其他一些方面她有些过于狂热。在克利尔沃特动员大会上，有人用带有种族歧视的绰号称呼国家广播公司里一位健全的黑人，而其他人叫喊着："杀了他！"暗示艾尔斯或奥巴马。周末，YouTube 上便出现了这样的视频短片：人群簇拥着佩林，高呼"叛徒！""砍下他的头！"以及"他是个败类！"麦凯恩和佩林在俄亥俄州西南郊斯特朗斯维尔市（Strongsville）的拉票会上，有个男人把奥巴马称作"个人恐怖组织"，在一个零乱的短片中，一个选举人的年幼女儿呼喊着奥巴马的名字，"你得戴手套才能碰他！"这个选举人喊道。根据选票，佩林成功地巩固了共和党的地位。然而，她的盛气凌人却让很多独立选民成了奥巴马的拥护者。

在第二轮与第三轮辩论之间的周末，众议院的约翰·刘易斯发布了一则新闻公告，指责麦凯恩和佩林"玩火自焚"，并且将麦凯恩与亚拉巴马州州长乔治·华莱士（George Wallace）相提并论，后者因煽动种族恐惧而臭名昭著。麦凯恩瞠目结舌。他曾在自己创作的一本书中用一个章节来描述刘易斯"勇气为什么重要"。他很景仰刘易斯，他还曾带孩子前去拜访过他。

登上前往伊利诺伊州莫林的飞机时，他读到了助手手机上的评论，立刻变得目瞪口呆。他让飞机停在柏油路上，心里琢磨着如何应对。索尔特在撰写关于刘易斯这一章节，敦促麦凯恩一定要比刘易斯的评论中的更加威严和高贵。但施密特从总部来电，义愤填膺地说："先生，他把你叫做种族主义者。一定不能就此罢休！"尼科尔·华莱士表示赞同。索尔特却犹疑不决。施密特后来回忆到，索尔特当时对于这件事非常苦恼，但他的直觉告诉他不应该让他的候选人陷入与一场民权运动英雄无休止的口水战中。麦凯恩决定和施密特一起严正声明要求奥巴马"立即当面澄清这些挑拨离间的可耻言论"。奥巴马的发言人随后公开声明："奥巴马参议员相信约翰·麦凯恩及其政治言论与乔治·华莱士及其种族隔离主义者政策毫无共同点。"

据其助手称，刘易斯的言论对麦凯恩造成的伤痛久久不能平息。一路跟随麦凯恩的记者称，候选人始终不肯相信自己的遭遇。为了向奥巴马表示质疑，麦凯恩在一次政治演说中问台下的观众："谁是巴拉克·奥巴马？"先前在阿尔伯克基（Albuquerque，美国新墨西哥州中部城市。——译者注）的动员大会上，有人大喊："恐怖分子！"麦凯恩顿了一下，略感意外。他看起来诧异而不安，但还是继续演说（索尔特后来称麦凯恩当时怀疑自己是不是听错了）。

数日后，在明尼苏达州莱克维尔，麦凯恩似乎渐渐恢复了元气。"如果你想对战，咱们就对战，"他说道，"但前提是相互尊重。我敬重奥巴马参议员和他的成就。我将一如既往地敬重他，我想——请安静。"麦凯恩对嘘声四起的人群说："我希望大家都对他表示尊重。"在问答阶段，一个身穿鲜红色裙装的中年妇女手持话筒说道："我无法信任奥巴马，我读过关于他的文章，他不是……他是……嗯，他是个阿拉伯人。""不，女士，并不是这样的！不是的！"麦凯恩拿回无线话筒答道，"他生长于一个体面的家庭，是一位地道的美国公民。只不过我碰巧和他在一些基本问题上持不同观点，这就是竞选的意义所在。他不是您说的那样。非常感谢您。"

最后一轮辩论前，10月12日星期天晚上，麦凯恩的核心顾问小组：史蒂夫·施密特、竞选经理里克·戴维斯、广告撰写人弗雷德·戴维斯（Fred Davis）、策略专家格雷格·史迪普（Greg Strimple）、民调人比尔·麦金塔夫和策略总监萨拉·西蒙斯（Sarah Simmons），聚在一起商讨当前竞选的局势。选票的结果是残酷的。问题在于，现在是否该打电话告诉麦凯恩一切已成定局，他已经没机会反败为胜了。屋子里的大多数人认为还没到时候，不应该在他尚存"一线生机"时给他致命一击。但他当时已经濒临绝望了，而且越来越没有斗志，一位策略专家后来回忆说，麦凯恩只剩下10%～15%的胜算。

竞选班子成员知道他可以在最后一轮辩论中拼死一搏，发挥出最大的余力，哪怕只有微不足道的胜算。有人抱怨还没来得及部署战略、发布宣传、打好民众基础时，佩林就在动员大会中提到艾尔斯，这一举动实在是草率行事（在一次动员大会中，她谈到奥巴马"周围布满了恐怖分子"）。佩林对她的指导者们大发雷霆。据报道称，她对华莱士和施密特的指导和建议颇为不满。一名顾问后来推测她之所以对艾尔斯出言不逊是因为她很受打击，她很想谈及耶利米·赖特牧师。事实上，佩林对于小报消息对她17岁的女儿布里斯托尔的不实报道感到错愕和愤慨（互联网出现佩林5个月大的儿子其实是她外孙的谣言，后来佩林澄清她17岁的女儿布里斯托尔是未婚先孕。——译者注），兀自把艾尔斯当做发泄对象。麦凯恩的顾问制定出一项策略，在接下来的一周对艾尔斯进行抨击，但是遭到了索尔特的强烈反对，麦凯恩也没有同意。

竞选的内部投票表明，各工业州低收入选举者对赖特耿耿于怀。一些顾问认为，麦凯恩有机会对奥巴马进行重创，回放他的随行牧师歇斯底里的叫喊着"该死的美国"录像片。麦凯恩却不想这么做。他不想做出任何带有种族歧视意味的举动。一些助手寄希望于527组织的独立开支小组能发布赖特的广告宣传来进行抹黑行动，但其他人则担心527团体会惊爆出关于赖特骇人听闻的内幕，还担心麦凯恩将遭受指责。

无论如何，如此大张旗鼓进行抹黑行动的保守派金融家们一定是隐藏着某种意图，不单单因为急剧下跌的股市使他们的荷包遭受损失。他们也不想被人叫做种族歧视者。麦凯恩明确表示：不谈耶利米·赖特；不抨击米歇尔·奥巴马；不指责奥巴马没在军队服过役。麦凯恩对一则宣传广告犹豫不决，广告以孩子的口吻暗示奥巴马不会保护他们免受恐怖袭击；施密特否决了这则广告，因为广告中暗示了奥巴马对罪犯心慈手软（不谈威利·霍顿）；消息还没传到麦凯恩那里，施密特和索尔特就封锁了一个关于奥巴马和脱口秀主持人艾伦·德杰尼勒斯（Ellen DeGeneres）共舞的"名人"广告（他们认为一个黑人和女同性恋的场面太过挑衅）。

10月中旬，辛迪·麦凯恩登台时表示，自己身为一个驻扎在伊拉克军官的母亲，看到奥巴马在参议院投票支持切断对军队的赞助资金时（该指责并不属实），她感到"痛彻心扉"。此举震惊了媒体，因为绝大多数候选人的妻子都不愿让自己暴露在镁光灯下。

9月末，她突然将竞选搁置在一旁，回到了亚利桑那州。《新闻周刊》的一名记者在俄亥俄州的一家宾馆捕捉到了她的镜头，她看上去很憔悴。一名工作人员告诉记者麦凯恩和妻子曾就他同意接受《纽约客》杂志采访一事而产生分歧。辛迪希望他能够拒绝此次访问，以此惩戒该杂志曾发表一篇关于她的批判性评论。对于辛迪来说，这无异于她的最后一根稻草，她早就受够了竞选对身心的双重折磨。她坚持让助手在飞机上为她和丈夫的座位安置一个窗帘，为他们保留一点隐私。

担心辛迪的压抑会影响麦凯恩，一名对麦凯恩的无所顾忌怀有钦佩的工作人员表示，她沉睡片刻会感到松一口气。

格雷戈里·克雷格在 10 月中旬接受《新闻周刊》记者采访时说道，他担心佩林动员大会上的狂热氛围会煽动一些极端分子对奥巴马动手。他不是唯一一个在奥巴马竞选过程中有这种担忧的人。美国特情局（Secret Service）向竞选提供的报告表明在 9 月和 10 月初，对于奥巴马的威胁日益增多。米歇尔被谩骂的人群和共和党候选人的热烈讨论所震惊。"他们为什么想让人民憎恨我们？"她问瓦莱丽·贾勒特。奥巴马几个参议院的好友对共和党煽动暴民的行为感到惊愕，来自伊利诺伊州的参议员迪克·杜宾（Dick Durbin）为奥巴马奋力争取美国特情局的保护，并致电给常与麦凯恩随行的林赛·格雷厄姆。格雷厄姆对此嗤之以鼻，认为这个电话"早有预谋编造故事"给麦凯恩抹黑了。他说他告诉杜宾，"好的，伙计，但务必记住这是一把双刃剑（that goes both ways）。"

前两轮辩论，奥巴马竞选班子让核心小组成员们打电话探察候选人们的反应。似乎每次奥巴马都和麦凯恩发生口角，甚至直言不讳地指出其观点的纰漏。第三轮辩论事先声明：不要"交相指责"和争论不休。奥巴马竞选班子几个月前就做好准备对他与比尔·艾尔斯（Bill Ayers）的关系进行抨击（春天时，核心竞选班子聚在一起商谈如何就此进行公开抨击）。第三轮辩论安排两位候选人并排坐在桌前，所以奥巴马更加难以回避。但他准备一如既往保持他的镇定和冷静。在排练时，克雷格扮演的麦凯恩太过频繁地诱导奥巴马，两个人有一次禁不住大笑起来。但其余时间，奥巴马让自己保持一种愤怒的情绪。后来有一次他观看排练时的录像时，他看到自己郑重宣告：不要大喊，不要评论麦凯恩，必要时可以写尖锐些。准备辩论的教练迈克尔·西恩说，其目的是让麦凯恩看起来就像连环画《淘气阿丹》(*Dennis the Menace*) 里常对小孩歇斯底里吼叫的倔脾气邻居威尔逊先生 (Mr. Wilson)。

起初，管道工乔 (Joe the Plumber，乔在俄亥俄州的一间管道公司任职，是一名最普通的蓝领工人，他不满意奥巴马对他所提问的税收问题的回答，因此，管道工乔后来成为批评奥巴马"带社会主义性质"的税收计划的标志性人物。——译者注) 让奥巴马的追随者们十分头疼。麦凯恩在第三轮辩论中提起他，指出奥巴马曾试图提高税收，以及奥巴马回答"我只是想把财富分给大家"，奥巴马竞选班子成员担心候选人被人设了圈套。因为这个叫乔的人在一次动员大会上曾与奥巴马有过简短的交谈，这其实是个圈套，后来奥巴马的言行在镜头前被曝光了（这段视频短片已经在YouTube广为流传）。从电脑上的一串数据显示，如果乔真是个卧底，他的收入实在很微薄。他是个没有经营牌照的管道工，因为长期欠税还惹来一身官司，而乔也不是他的真实姓名 [他的本名叫做塞缪尔·沃泽尔巴彻 (Samuel Wurzelbacher)]，奥巴马的计划不可能增加他的税款。

对于麦凯恩竞选班子，管道工乔的行为应该是一时冲动，而不是早有预谋的。林赛·格雷厄姆回忆，最后一轮辩论那天，他在清晨4：30就被麦凯恩的电话吵醒："我睡不着。"麦凯恩说。"是啊，现在我也睡不着了，"睡眼惺忪的格雷厄姆回答到。他迷迷糊糊地下楼到麦凯恩的房间，麦凯恩由于局促不安而来回踱步，正在排练他最不喜欢的话题：经济。他快速练习着关于税收这一部分，没太在意措辞，嘴里念到："奥巴马增加税收，增加像管道工乔这种老百姓的税收。"格雷厄姆顿时睡意全无，一直耐心地坐在一旁陪伴焦躁的丈夫的辛迪也一样，她问道："约翰，你刚才说什么？""关于管道工的？"林赛补充到。在剩下的时间里，3 个人便探讨怎样让麦凯恩进入到辩论状态。管道工乔和麦凯恩紧张的能量没能在最后一轮辩论中给出反败为胜的一击。

距离选举日三天前，对于奥巴马团队来说，最大的威胁似乎就是过度自信。在一个电视节目上，曾转播过 2004 年约翰·克里竞选过程的鲍勃·施鲁姆（Bob Shrum）已经播放了宣布奥巴马为美国下一任总统的新闻画面。一个记者给奥巴马的广告撰写人吉姆·马戈利斯发了一封电子邮件，告诉他施鲁姆的预测，并提醒他施鲁姆也曾在首次投票和民意测验后，错误地预测克里会赢得 2004 年总统大选，他甚至对克里说过："我想我是第一个称您为总统先生的人。"马戈利斯马上回复："我的天哪，我们胜局已定！"

阿克塞尔罗德由于太过忙碌，而表情显得很抑郁，脑海里会不自觉地闪现出可怕的梦魇：过程很顺利，结果却不堪设想。他知道，剩下的那些迟迟未表态的投票者大多消息不灵通（诽谤与造谣对他们起不到多大影响），并且大都比较保守。阿克塞尔罗德担心，随着剩下的选票逐渐露出水面，这场角逐越到最后关头越加紧张。他怕奥巴马的领先优势越来越不明显。

阿克塞尔罗德在竞选中从不把种族问题当做一个重要的议题，并且谴责新闻机构（尤其是《新闻周刊》）对该话题大肆渲染。但他越是对种族话题不屑一顾，这个问题就越折磨他。在芝加哥接受采访时，媒体向他发出一连串关于种族政治的问题，他庆幸自己成功地让奥巴马感染了白人投票者。然而另一方面，对于这一手段是否奏效，他并不是十分有把握。在第三轮辩论后与其工作人员进行的电话会议上，奥巴马特意告诫大家要戒骄戒躁，他提醒大家，在上一次大选中，他就是因为犯下轻敌的致命错误，而与成功擦肩而过。他的这段话后来被张贴在位于北部密歇根大道的总部的卫生间里：

"如果你感觉飘飘然或骄傲自满，我送给你几个字——新罕布什尔。"

2008年10月26日，奥巴马在科罗拉多州丹佛市的集会上。（照片提供：《新闻周刊》查尔斯·翁曼尼）

A Long Time Coming

第7章

最终角逐

The Final Days

　　即使在弗吉尼亚这样的"红州"，奥巴马在民调中的票数也始终领先麦凯恩，甚至威胁到麦凯恩的家乡亚利桑那州的选票。

在美国政治史上，奥巴马是最充分合理地利用竞选经费的人。奥巴马团队想要动员那些以往不愿意参加投票的少数民族和年轻人。对于那些处事谨慎、严格自律的奥巴马拥趸（Obamaites）来说，这些值得争取的选票也意味着某种特殊的挑战。

尽管竞选团队没有反对说唱歌星 Jay-Z 演唱内容敏感的歌词，但他们还是谨慎地要求他的经纪人不要让他在台上发表任何有关麦凯恩和佩林的言论，以免说唱歌星唱出的粗俗且具有煽动性的歌词在福克斯新闻台引起轩然大波。Jay-Z 同意不会诋毁共和党候选人，但他表示要创作一首名为《蓝色梦幻》（*Blue Magic*）的歌。歌词中有这样几句，"布什坐着飞机来，燃油耗尽，大家来推，钞票可以拿回呀 / 布什总大厨，猜我做的什么饭，烤了一堆面包，不学无术呀。"

在 10 月 5 日的迈阿密演唱会上，Jay-Z 本想跳过关于布什总统的那句歌词。但是，当布什总统和奥巴马的巨幅肖像拉开演唱会的序幕时，熟悉这首歌的观众立刻大声叫嚷着唱出了歌词。媒体虽然没注意这个细节，然而奥巴马在迈阿密又赢得了 1 万选民的支持。

将竞选经费大手大脚地分配给地区政客、草根群体领袖，尤其是分配给居住在贫民区的少数民族来拉票的行为一直令人不齿。因为给钱就能得到选票，许多政治家的眼睛都紧盯不放。并不是所有的经费都用来雇司机和发传单，所以接受经费的投票者在被问到时也不觉得羞愧（罗伯特·肯尼迪在1968年总统竞选期间，就保证不会提高经费的分配额，也不会过早分配经费，以免重复发放。——译者注）。

10月21日，迈克尔·斯特劳马尼斯(Michael Strautmanis)被《新闻周刊》的一名记者缠住不放。斯特劳马尼斯正坐在一辆老本田雅阁里，穿过费城的大街。开车的是个娃娃脸的毕业生——10天前刚刚加入竞选志愿者。80年代末，斯特劳马尼斯与米歇尔和奥巴马同在芝加哥律师事务所工作，私交甚笃。这次他是想与地区民主党众议员进行一次单独会谈。但有消息传来，称会议也要求民主党城市委员会参加。市委会是费城民主党政治权力的中心，其作用之一就是筹集和分配竞选经费。奥巴马在宾夕法尼亚州的初选上拒绝以分发经费的方式拉票，这使得他在初选中以8个百分点的微弱差距落败。

斯特劳马尼斯对所有人都说："我没那么做。"他很快找了个朋友安排个地方能单独与那位众议员见面。之后他又约见另一位参议员，虽然他们之前素昧平生，参议员还是像对待老朋友一样向斯特劳马尼斯问候致意。他说他很敬畏奥巴马。"他是世界上最凶悍的牛"，这位政治家说，"我知道他的犄角捅到我了，但是这种感觉很棒。"也许是感觉到自己太坦白了，参议员补充说："我只想竭尽全力帮助他。" 斯特劳马尼斯说这次选举动员计划覆盖整个竞选系统，规模宏大。他们计划让志愿者们在周六、周日和竞选日 3 天挨家挨户地敲门，向每一名潜在的选民拉票。参议员建议，"在公交车上做广告，安装空调，在船上安排医疗保健人员，还可以在街上发放竞选经费，我知道你们在初选中没有这样做，但是……"

斯特劳马尼斯接着问道："那教会呢？"或许是不愿直言，参议员言辞含糊地说，"至于教会嘛……"他顿了顿，"他们比较特殊。"参议员说，有的教会无利可图也可能会支持奥巴马，"但是，"他补充，"一旦奥巴马当选，教会也将是第一个问'我们能得到什么？'的机构。"斯特劳马尼斯很礼貌地转移了话题，问道："那么您这位英明的政治家要做什么呢？"

会面之后，斯特劳马尼斯表示要确保发放一部分竞选经费。奥巴马的助手在接受《新闻周刊》采访时说："我们该发放津贴，这是竞选文化的一部分。对很多人来说，如果得不到津贴，他们不会去认真地完成工作。"[奥巴马的竞选团队最终还是拒绝了分发竞选经费。但是正如《政客》（Politico）报道的，部分费用是由地方机构承担的。]

在某种程度上，对于奥巴马团队中这些年轻的选票筹集人（vote getters）来说，技术上的挑战并不是什么难事。竞选日当天，竞选团队需要想办法找到还没有投票的支持者。这意味着，民意调查中所得到的支持者名单要与投票者的名单一致。几次初选中，奥巴马的竞选团队每三小时就要更新一次名单。这个刷新频率高得惊人。

这还不够，与竞选团队共同奋斗的新媒体的电脑高手们设计了一个"筛选"程序。该程序可以将投票者和弃权者通过筛选的方法区分出来，这样就可以分辨在关键时刻谁投了票。新媒体的高手们将这个程序称作"魔法程序"，因为一旦名单上的人在当地投票点排队投票时，他的名字就会在弃权名单上删去。佛罗里达州竞选顾问史蒂夫·沙尔(Steve Schale)在接受投票日前一周的《新闻周刊》采访时说道："我不知道这个程序是如何运行的，但是一旦它正常运行，就会重新定义选举动员活动……这程序太令人称奇了，如果行之有效的话，后人也将纷纷效仿。"

以往民主党竞选是依靠志愿者和工会拉选票，而奥巴马的这次竞选就像共和党竞选机器——老卡尔·罗夫一样严密。在"战场州"——俄亥俄州，"与以往不同，我们没有集合志愿者将工会大厅的 200 个停车位占满，而是让 1 400 个亲友团用 6 个月的时间招募新人，对他们进行培训和管理，"负责奥巴马的全民基层助选志愿者的乔恩·卡森（Jon Carson）说，"我们充分利用志愿者，他们每周工作 40～60 个小时。他们被授予权力，我们也要对他们负责。我在芝加哥就可以这样说，'你打电话拉票了吗？你亲自敲门拉票了吗？'"

五天后，智囊团首席战略家戴维·阿克塞尔罗德不像往常那么焦虑了。事实上，他显得很平静。在佛罗里达州萨拉索塔(Sarasota)接受《新闻周刊》记者采访时，他面带微笑地说："我已经闻到胜利的味道了。"至少在那一刻，他忧郁沉重的双肩和时刻提防的眼神飞到了九霄云外。即使在弗吉尼亚这样的"红州"，奥巴马在民调中的票数也始终领先麦凯恩，甚至威胁到麦凯恩的家乡亚利桑那州的选票。前一天晚上，除了美国广播公司之外，其他广播电视媒体都在黄金时间对半个小时的总统候选人访谈节目进行了转播，3 500 万人在电视前看到了能力卓越、机智内敛的奥巴马。这次电视转播耗资 400 万美元，超出了麦凯恩的电视采访费用，但这部分超支只是个小数目。到 12 点 57 分时，电视采访费用已升至 1 500 万美元，创下 9 月份的单月最高纪录。阿克塞尔罗德换下了登山鞋，穿上了舒服易脱的平跟鞋，整个人看起来精神焕发。

几天前，也就是 10 月 26 日，在与记者交谈时，阿克塞尔罗德就对麦凯恩选择佩林作为竞选伙伴表示惊讶。他把麦凯恩这次行为叫做"自杀性策略"。麦凯恩的竞选团队整个 8 月都在游说选民们应该选择有经验的人而非一个名人，而后又突然将"经验"甩手抛开，跳进了自设的"名人"圈套之中，很显然，麦凯恩并没有把国家利益置于首位。阿克塞尔罗德表示有点后悔 8 月份当麦凯恩投放讽刺奥巴马的"名人效应"广告时自己的过激反应，但当佩林在 9 月份的民意调查中给麦凯恩的支持率带来短暂的回升时，阿克塞尔罗德很高兴奥巴马明确拒绝了民主党智囊团"你必须彻底打败她"的建议。阿克塞尔罗德这种先想清楚的做法是典型的奥巴马行事风格。正如他自己所说：

> "你无法在经历暴风雨当中作出判断，只有在它过去之后，你才能看清它的威力。"

在这一点上，阿克塞尔罗德的观点与奥巴马完全一致，无须赘言。霍尔德回忆说，有时在仔细考虑选择哪一位竞选伙伴时，奥巴马只要看看阿克塞尔罗德的眼睛，就会知道他是赞成还是反对。午夜前阿克塞尔罗德的电话都会习惯地响起，这正是奥巴马在思考的时候。阿克塞尔罗德知道这是奥巴马特有的铃声，旋律是来自史蒂维·旺德（Stevie Wonder）的《签字，密封，邮递》。

阿克塞尔罗德不愿夸大他对奥巴马的评价。2006 年当他作为政治顾问在芝加哥第一次约奥巴马会面，讨论未来总统竞选事宜时，米歇尔问她的丈夫奥巴马，如果他当选为新一任总统，他能为国家作出哪些"独特"的贡献。奥巴马回答说，他当选的那天晚上，"世人马上会用另一种眼光看待我们，而且我认为，许多年轻人也会重新认识自己。"

对阿克塞尔罗德而言，浪漫主义者看罗伯特·肯尼迪的演讲只是用来解闷，而这种思维上的转变，正是罗伯特和 60 年代的自由主义者梦寐以求的。2006 年与奥巴马会面时，阿克塞尔罗德说道："我已经非常厌恶政治，我早就清醒地认识到：我们是要选一位州长罗得·布拉高维杰（Rod Blagojevich），他既是我以前的部下，也是我的朋友，但是他令我失望了——我想要某些事来提醒我，我为什么要做这个工作。"10 月 19 日是星期日，阿克塞尔罗德躺在宾馆床上，收看《会晤新闻界》（Meet the Press）。当看到科林·鲍威尔表示真诚地支持奥巴马时，阿克塞尔罗德握紧拳头，哽咽得说不出话来。

麦凯恩的助理马克·索尔特在竞选后期也越来越独立行事。最后一次总统竞选辩论的那天早上，他发现麦凯恩把自己闷在宾馆房间里。麦凯恩在福克斯电视台上看到一些保守派评论员猜测他会在当晚的辩论中输给奥巴马时，变得异常愤怒。竞选经理里克·戴维斯也极力主张麦凯恩针对刘易斯评论要向奥巴马采取更加咄咄逼人的进攻姿态。戴维斯说，奥巴马曾试图诱惑希拉里加入自己的竞选团队，而希拉里也对此做出高调回应。戴维斯建议麦凯恩也这样做。而索尔特是麦凯恩一翼的忠诚守卫者，他希望麦凯恩要保持尊严，不能屈尊邀请希拉里。但是麦凯恩自己不同意，他想给奥巴马一个机会，让奥巴马驳斥刘易斯的评论。讨论进入白热化阶段，和往常一样，一旦生气或陷入困境，索尔特就悄悄走出房间抽根烟。

大选前的最后一个周末，麦凯恩选票依然落后。他在 14 个"战场州"中平均落后 8 个百分点，而奥巴马在 9 个州的选票遥遥领先——麦凯恩在所有州的选票都以巨大的差距落后于奥巴马。万圣节当天，麦凯恩高级助理在接受《新闻周刊》记者采访时表示"麦凯恩成功的概率就如同抓到同花顺牌一样困难"，但麦凯恩本人表现得很镇静，还开玩笑似地说"这只是黎明前的黑暗"。他并不介意输给奥巴马，竞选成功与否都是一件值得骄傲的事。麦凯恩的高级顾问马特·麦克唐纳（Matt McDonald）评价麦凯恩"事务越烦乱，他越是镇定"。

索尔特对麦凯恩的想法并不感到稀奇。几年前，麦凯恩就告诉过他，自己很崇拜海明威的小说《永别了，武器》（*A Farewell to Arms*）中的主人公乔丹（Jordan）。索尔特在与麦凯恩合著的《值得奋斗的价值》一书中写过一章关于乔丹的内容。索尔特形象地以麦凯恩的口吻，将乔丹描写成一个"宁愿将生命作为赌注，也不愿意抛弃尊严和荣誉"的人。那章的标题叫做"完美宿命论"（Beautiful Fatalism）。海明威曾将他的勇士描写成"为命中注定的事业奋斗终生"，这句话正适合描述进入竞选最后阶段的麦凯恩的心理。

经过佛罗里达州中部时，麦凯恩已经疲惫不堪，但仍然兴致勃勃地在露天市场与商贩们频频握手，并且谦逊地向从海军潜艇服务部退役的老兵致谢。他只在媒体采访时问候了老朋友。围观的几乎都是记者，他们大声向麦凯恩发问："你什么时候不再欺骗美国民众了？"麦凯恩和佩林的拥护者们热切地接受了"管道工乔"，狡猾的佩林马上把这一取名效应扩大到了"建筑工提托（Tito）"，"美发师安吉拉"和"财富分配者奥马巴"，并一发不可收拾。甚至林赛·格雷厄姆也开始称他的参议员伙伴乔·拜登为"拜登的乔"，而麦凯恩发现这个称呼特别好笑。

宾夕法尼亚州的汽车旅行并没有多少笑声。麦凯恩和他的朋友兼助理史蒂夫·杜普雷坐在车的后排。麦凯恩问身为新罕布什尔州共和党主席的杜普雷，"新罕布什尔州怎么样？"麦凯恩十分钟爱这个"花岗岩州"（Granite State，新罕布什尔州的别名。——译者注），因为在 2000 ～ 2008 年期间的共和党初选上，这里许多思想独立的选民给了麦凯恩莫大的支持。杜普雷在犹豫片刻后，直视麦凯恩的眼睛，说："我们可能会输。"麦凯恩很吃惊，"怎么会这样？"他无奈地摇了摇头。杜普雷告诉他，奥巴马并不是他失败的全部原因。

事实上，麦凯恩的选举动员规模还不够大。在奥巴马花费颇多的一些州，麦凯恩的竞选团队甚至都没有组织竞争活动。杜普雷认为，麦凯恩的政治顾问迈克·杜艾姆（Mike DuHaime）和他组织的政治活动并不适合新罕布什尔。参加过倒霉的朱利安尼竞选的杜艾姆采取了投其所好的政治手段。杜普雷的儿子曾收到过宣传麦凯恩提倡反堕胎的邮件，而杜普雷和很多新罕布什尔州共和党一样，一直主张堕胎合法化。他告诉麦凯恩"我支持生育计划，如果他们还发这样的信给我，那么他们就只是在浪费时间，这样下去只会适得其反"。

竞选失败后，中伤和诽谤无可避免。麦凯恩有过这样的亲身经历。

1996年,林赛·格雷厄姆让麦凯恩作为鲍勃·多尔(Bob Dole)的朋友兼顾问,与比尔·克林顿竞选总统。1996年秋天,民意调查中共和党选票落后,多尔的竞选团队开始发生内讧。事实上,麦凯恩自己也偶然地成为竞选复评,正巧那时他试图劝告他的搭档——多尔议员不要发生内部战争。麦凯恩不想在报纸上也看到自己竞选团队中的"内战"。他告诉索尔特、施密特、戴维斯和查理·布莱克"千万别这么做"。总的来说,他们控制住了内部混战。但是当施密特让2004年布什－切尼竞选团队中的人卷入此事的时候,麦凯恩所谓的"团体凝聚力"就开始瓦解。

10月26日,星期日,麦凯恩团队事务处理人员草率地决定将《纽约时报》退回的麦凯恩的回应稿件转投给《周日杂志》(Sunday Magazine)(《纽约时报》刊登了奥巴马的《我的伊拉克计划》,麦凯恩向《纽约时报》投稿以作为回应,却遭该报退稿,要求参照奥巴马的文章重写。——译者注),但是麦凯恩不同意转投这篇稍有攻击性的文章。罗伯特·德雷珀(Robert Draper)撰写了《候选人的成就与再造》[The Making (and Remaking) of a Candidate]。罗伯特查阅了很多资料,细致、隐晦地写出麦凯恩和他的智囊团所面临的困境。当他这篇8 500字的稿子写到一半时,麦凯恩平静而坚决地说:"我真的很失望。"

竞选顾问间的矛盾显而易见,关系时刻处于紧张状态。早在10月初,记者们就曾在一家宾馆大厅里看到索尔特和尼科尔·华莱士在激烈争吵。几天后,华莱士为佩林引起的骚乱辩护,索尔特对此表示强烈不满。因此，两人之间关系再度紧张起来。平日不能采访麦凯恩的记者们在那天包围了整个机场，一起涌进前门要求采访麦凯恩。当时他坐在从未被用作与记者 "实话实说"的沙发上。曾和记者们开过玩笑的麦凯恩根本没有注意到这点，只是忧郁地看着楼梯。索尔特和华莱士经过他身边时，他从侧面看到了双方彼此不友好的神情。

记者注意到索尔特和他的老搭档施密特在一起的时间越来越少，而施密特越来越频繁地出入华莱士的公司。麦凯恩24岁的女儿梅根（Meghan）也经常抱怨，甚至有时谩骂，说智囊团把他的父亲折磨得日渐憔悴。车上的氛围越来越紧张。一位中层职员甚至发邮件给他的同事说"你杀了我吧！"然而，随着内部斗争愈演愈烈，投票日也日益临近。麦凯恩提醒索尔特，也许是他们双方的朋友罗伯特·乔丹（Robert Jordan）提醒索尔特适可而止。索尔特开始打破僵局，和周围的人讲笑话，仿佛在嘲讽命运。听到电影"洛奇"的音乐时（这是之前集会上介绍落选的麦凯恩时响起的入场音乐），索尔特还故意和施密特摆起空拳架势来活跃士气。施密特更是热情过了头，还打掉了索尔特的眼镜，把索尔特的眼睛碰伤了。当记者追问索尔特发生了什么事时，他指着伤口，开玩笑似地说："员工们胜利的战果。"

最尖锐的指责全部指向佩林。麦凯恩团队里一位不愿透露姓名的工作人员在《政客》上批评佩林是个"疯子"和"追求时髦的女人"。10月21日，《政客》上有报道称佩林花费了15万美元买衣服，而她还表现出很无辜的样子。在坦帕市（Tampa）时，她说："这些衣服都不归我个人所有，它们就像购买的照明设施和舞台布置一样，都是公共消费。我不会穿这些衣服，我还是会回我最喜欢的阿拉斯加安克雷奇（Anchorage）的寄售服装店买衣服。"在公共场合，麦凯恩的助理们支持佩林，称 1/3 的衣服都将在公共场合穿着之前立刻退回，剩下的一部分要捐给慈善机构。但私底下，麦凯恩的高级顾问都对佩林的肆意挥霍意见很大。一位高级助理称，尼科尔·华莱士告诉佩林买 3 套正装在竞选时穿，再雇佣一名造型师。

按媒体的说法，佩林其实在"耍无赖"，她到一些像萨克斯第五大道和内曼·马库斯（Neiman Marcus）这样的高级购物中心为自己和家人选购衣物和饰品。在佩林宣布要回寄售服装店买衣服的一周后，还有裁剪好的衣服被陆续送到佩林的住处。据可靠消息，这些衣服大部分都是一位富商捐赠者买单。但这位捐赠者在收到付费清单时还是吃惊不小。佩林还曾利用底层员工的信用卡买衣服。这是竞选团队助理上周在追查欠款时才发现的。一位助理称，佩林花的不只是媒体报道的 15 万美元，而是 20 万 ~ 40 万美元。部分衣物的购物清单已经丢失。一位气愤的助理将这种无节制的疯狂购物行为称作"瓦西拉乡下佬（Wasilla Hillbillies）到处抢劫内曼·马库斯"，并且说当共和党审核账目时，真相终将浮出水面。佩林助理称，"佩林州长并没有让员工用自己的个人信用卡为她付费，就算有，这些欠款也都已经还清，这事就如同借用经费，这种错误的指责让佩林州长之前所付出的努力全部付诸东流。"他还补充道，"你们在这件事上做文章真是太过分了。"

公布竞选结果的前一天，也就是 2008 年 11 月 3 日，星期一，奥巴马在发表演讲前还走出办公室，视察部分民众。大家都沉浸在节日的欢乐气氛中。一位围着丝巾的中年妇女与一位笑容满面的拉丁美洲男士在风情万种的拉丁舞曲中翩翩起舞。两人双手紧握，举过男士的头顶。当男士在《不要打断我们》（*Ain't No Stopping Us Now*）的歌声下旋转时，还不时地摆出胜利的姿势。整天在办公室里抱着笔记本电脑听奥巴马之前的演讲的记者们也纷纷走到台前，想好好地看看这位候选人。他们似乎感觉到这场马拉松式的竞选终于要落下帷幕了——虽然之前在报社他们很少谈论这样的事情。"佛罗里达州的居民们，我只有一句话想对你们说"，奥巴马对民众说，"明天，黑人将不再受到歧视。"（这是他在一次民权运动演讲中的一句话。——译者注）

那天早上，奥巴马在和米歇尔通话中，得知他的祖母，马德琳·邓纳姆（Madelyn Dunham）去世了。一周前，奥巴马就曾中断竞选活动到火奴鲁鲁看望他的祖母。他很庆幸还有机会可以和"吐特"（Toot，夏威夷语，继"吐图"后对祖母的称呼。——译者注）说再见。下午，在北卡罗来纳州夏洛特（Charlotte）的 2.5 万民众面前，奥巴马提到自己的祖母。"她终于回家了。"奥巴马哽咽着说。他把祖母叫做"无声的英雄"，和家里其他人一样，祖母为了给家人创造更好的生活环境，辛苦劳累了一辈子。奥巴马没有像里根总统、克林顿总统和两位布什总统那样愁容满面，泪流不止，他平时也很少表露内心的情绪。但是这个时候，他从衣兜里掏出手帕，轻轻地擦着脸，手帕很快被泪水浸湿了。

竞选日当天早上，奥巴马在家乡芝加哥拉票后又飞往印地安纳州。他的到来让设在市政厅的拉票中心的工作人员和电话接线员们大吃一惊。"大家好！"他走进房间时高兴地对大家说。之后，他从电话接线员那里接过电话，与打电话来咨询的人畅谈，这也让电话另一头的人惊讶不已。最后奥巴马到体育馆参加篮球开赛仪式。

北密歇根大道 233 号是奥巴马的工作室。那里总能看见堆满的比萨盒子和忙碌的工作人员。但是金融办公室里却空无一人。奥巴马的"摇钱树"们都去各个州动员拉票。19 楼的房间里（未打磨的水泥地板上铺着地毯，20 张桌子下面放着成捆的电线电缆），专门为"战场州"摆好了的桌椅——无论选票多少，都随时准备着回答提问。竞选日下午 3 点，民意调查结果公布。调查显示，民众没有过多地担心持续增长的犯罪率——这在意料之中。只是有些小问题需要解决，即使有什么事发生，得到一线消息的工作人员也会尽快解决。热线办公室看来没有用武之地了，这里冷清的气氛倒像是"缓慢星期二"，丝毫没有竞选结果公布日的热烈气氛。

最后出场的是赖特牧师。一个叫做共和党全国信托政治教育委员会（the National Republican Trust PAC）的独立组织在《周六夜现场》（*Saturday Night Live*）节目中播出一个广告。该广告攻击奥巴马的大牧师赖特，说他狡猾奸诈、在网络上发布反白人政府的言论。但是已经太迟了。当《新闻周刊》的记者致电奥巴马的顾问要求回应时，回复很简单：休息中，请勿打扰（ZZZZZ）。

麦凯恩仍然坚持到最后一个市政厅——新罕布什尔州的彼得伯勒（Peterborough）市政厅拉票。他的助理想在曼彻斯特附近召开一个大型集会（新罕布什尔州只有四个选举团投票，竞选团队想到更大的州去拉更多的选票），但是麦凯恩坚持去彼得伯勒，那里乡土气息浓重，在 1999 年和 2007 年，麦凯恩曾两次毫不费力地在那里赢得支持。

在去彼得伯勒的路上，他与新罕布什尔州的老朋友以及乔·利伯曼说说笑笑，讨论在新罕布什尔州发生的趣事：当初他一票都没有的时候，选民们还在市政厅里看热闹。新罕布什尔州顾问，迈克·丹尼希（Mike Dennehy）事后对麦凯恩说，彼得伯勒市政厅的拉票也许是麦凯恩在新罕布什尔州拉票最成功的一次。之后，麦凯恩临上飞机前，转过身问丹尼希，"我们还落后多少？"丹尼希凝视了他片刻，说："今晚我们先不讨论这件事。"

最后一站是飞回亚利桑那州。麦凯恩回来和记者们道别。他已经有很长一段时间不接受记者的采访了，因为他始终认为记者团内有人背叛了他。麦凯恩说的"感觉不错，我很有信心"诸如此类的话只是善意的谎言，例行公事罢了。"我们并肩奋斗了这么长时间……和你们一起合作非常愉快，希望你们都能成功，也希望以后还有机会和你们继续合作。"在他背后的辛迪·麦凯恩没有掩饰她的伤感。憔悴的她泪眼婆娑。麦凯恩的竞选伙伴利伯曼和林赛·格雷厄姆也禁不住流下了眼泪。施密特负责应付记者们。"您对竞选满意吗？"记者问道。他回答说："我想我们已经尽力克服了重重困难，我猜想没人比约翰·麦凯恩今年所面临的政治困境更恶劣。"

另一位记者问到是否为"挑选佩林"作为竞选伙伴感到满意。他回避了这个问题。施密特也是在努力克制自己尽量不表现出内心真实的想法。当佩林看起来不愿意为学习如何参与电视辩论这份苦差事时，他私下里被迫接手为佩林做准备工作。佩林拒绝和捐赠者对质，因为她明白这是贪污，麦凯恩的智囊团感到灰心失望。当他们听传闻说托德被派往阿拉斯加去联系当地巨贾，并告诉他们要保存实力到2012年的竞选时，他们都气得不得了。

第三场辩论那天，佩林拒绝与新罕布什尔州参议员约翰·苏努努（John Sununu）、新罕布什尔州前议员以及竞选议会席位的杰布·布拉德利（Jeb Bradley）一同登台。因为他们对堕胎合法与否的问题存在分歧，并且布拉德利之前反对在阿拉斯加钻井。麦凯恩的竞选团队要求佩林在下一个投票点讲话，但她仍然拒绝承认在她背后支持她的两个共和党候选人。麦凯恩自己也很少和佩林交谈（据知情人透露：当他们不一起为选举奔波时，两人每周可能只交谈一次）。助理们向麦凯恩隐瞒了佩林买衣服的丑闻，因为大家肯定麦凯恩知道后一定会暴怒。在他的退选演讲上，麦凯恩还赞扬佩林，但他们两人举手投足都透露出对彼此的不满。（施密特拒绝了佩林发表讲话的要求）麦凯恩的演讲稿是索尔特写的——比奥巴马的演讲稿还要谦和。这不由得使大家想起麦凯恩谦虚的一生。选民也开始联想麦凯恩竞选时的场景。麦凯恩说他没有遗憾。"今天，"他说，"我是在竞选我至爱的祖国最高领导人一职，并且今晚，我依旧是她最忠诚的仆人。这对于每个人都已经足够了。"

竞选结果揭晓的当晚，奥巴马全家在芝加哥的海德公园（Hyde Park）家中吃牛排。穿好衣服后，奥巴马和从一开始就和他并肩作战的智囊团的每位成员拥抱——阿克塞尔罗德、普罗菲、新闻部长罗伯特·吉布斯、他的朋友兼顾问瓦莱丽·贾勒特、还有孩子们（奥巴马的两个女儿、米歇尔的兄弟克雷格的孩子、吉布斯的儿子和乔·拜登的孙子），孩子们快乐地玩耍。整个秋天，竞选团队都在担心最重要的"战场州"——俄亥俄州的选票。当奥巴马得到消息称他们赢得了俄亥俄州的胜利时，奥巴马就对阿克塞尔罗德说："照这样看来，我们赢定了。"阿克塞尔罗德回答说："看情况是这样。"但是他又补充说，"直到完全确定你胜利了，我才会向你道贺。"在贾勒特看来，奥巴马和平常一样心平气和。

午夜时分，大批民众涌入芝加哥格兰特公园。奥巴马发表获胜演讲时说道："这个过程是漫长的，而今晚，正是因为我们这些日子以来的不懈努力。在大选中，在这个决定性的时刻，美国即将迎来新的变革。"是的，让我们拭目以待。

奥巴马的当选赢得了美国乃至全世界的欢呼（照片提供：Getty Images）

尾 声

竞选结束后，将巴拉克·奥巴马和亚伯拉罕·林肯相提并论已经成为一种流行。《纽约客》把奥巴马比喻成林肯纪念碑上一轮冉冉升起的明月（封面上一个代表奥巴马的图标"O"），《新闻周刊》则在封面上把林肯和奥巴马的名字连在一起，这两个身材瘦削的男人虽然同样出身贫寒、初来乍到，但也同样对世界形势抱有真知灼见，同样面临着要如何带领美国人民团结一致、对抗危机的挑战。两人也都是很好的雄辩家，都是展现舞台魅力和掌握时机的天才。奥巴马跟同代大多数的政治家不同，但与林肯颇为相似，他们都会亲自撰写演讲稿，至少重要的演讲都是亲笔起草的，例如2008年春天那次非常真诚的在黄色法定用纸上起草的演说，就是奥巴马撰写的，尽管演说被赖特牧师搅乱了。

奥巴马确实有一位叫做乔恩·费夫洛（Jon Favreau）的才华横溢的年轻撰稿人。那篇胜选感言就是费夫洛在大选的前一天精心起草并发给奥巴马的。"巴拉克想促成两党的进一步合作，即使民主党大获全胜，我们也应该怀着谦虚的心态，真诚地伸出双手。想想林肯的一句名言吧，'让我们团结起来。'"这些话出自奥巴马的首席战略家，此时正替他照看北卡罗来纳州夏洛特市的戴维·阿克塞尔罗德之口。阿克塞尔罗德还建议奥巴马借鉴林肯第一次就职演说的结尾部分。

费夫洛更加了解林肯的言辞，他决定大量引用林肯的篇章，引用那个"能更好地表现出我们本质的人"的言辞，还有以前的那段话："我们是朋友，不是敌人……尽管现在我们的情绪有些紧绷，但绝不允许它折断联结我们情感的纽带。"

奥巴马在当晚的竞选演讲中，言辞里表现出对党派纷争的强烈厌恶，让人们看到了希望。如果有语言能形容奥巴马的竞选之路，那就是——他超越了狭隘的党派之分，使国家团结一致。但是，当奥巴马在芝加哥的家中与内阁部长会谈时，他开始沉思这个政治实体。新组建的国会可能是左派也可能是中间派，尤其是那些老资格的自由论者们大多都来自委员会，是参议院和众议院的领导。另一方面，国家仍然保留大多数的中间派（选举当天的民调显示，选民中有22%是自由派，33%是保守派，还有46%是中间派），或者可以说至少中间派要比左派的人多。尤其是在参议院，民主党保守地投票表决，也许会有60%的人认为应该将必要的折中和联合提上议事日程。如果奥巴马想实现这点，那他就必须具备林肯所具有的领导才能。

奥巴马就职演说的主题可以用林肯在葛底斯堡(Gettysburg)演讲中的一句来概括："自由的重生。"

2008年1月，哥伦比亚广播公司（CBS）的凯蒂·库里克问奥巴马，除了《圣经》，你觉得白宫办公室里还必须有哪些书？奥巴马回答说：《政敌团队》。这是 2005 年由多丽丝·卡恩斯·古德温所写的一本畅销书，书中描述了林肯周围的很多顾问，哪一个受到了更好的教育，哪一个明目张胆地垂涎林肯的职位。当奥巴马审视他的内阁精英时，考虑到了他们的性格特征，例如财政部的拉里·萨默斯 (Larry Summers)。奥巴马还十分想留下布什的国防部秘书长罗伯特·盖茨 (Robert Gates)。奥巴马提名的白宫参谋长拉姆·伊曼纽尔 (Rahm Emanuel) 很自负，他并不符合奥巴马在竞选中"不搞噱头"的风格。伊曼纽尔曾经给他的反对者送去了用报纸包的死鱼。选举后的那两周里，最有趣的事是希拉里有可能成为国务卿。希拉里飞去芝加哥与奥巴马会面，从她的言语中奥巴马发现她是国务卿的第一人选。但关键是希拉里的丈夫——前总统比尔·克林顿，必须同意大量削减他的海外旅行和筹款。比尔·克林顿说他愿意做这些事，但是有一些华盛顿观察员怀疑他会不会给新政体带来混乱。

南北战争期间，林肯明智地安排了他的政敌团队。林肯的国务卿威廉·西华德 (William Seward) 来到林肯的办公室，"他以为他能控制林肯。"古德温说。但是林肯把西华德压了下去，并提醒他谁才是总统，最后他们成为了至交。（西华德就是那位美国内战期间花了 720 万美元从俄国沙皇手中购买阿拉斯加的那位著名国务卿，历史上被称为"西华德蠢事"。——译者注）从某方面来说，林肯的情况比奥巴马要简单一些。19 世纪 70 年代的内阁部长们不能踏出白宫的草坪，在有线电视上开新闻会议。但是，古德温和奥巴马谈论过她的书，她相信奥巴马已经很好地领会了林肯的领导风格。"我想他的性格与林肯已经很相似了。"古德温告诉《新闻周刊》。

最重要的是性格谦卑，林肯和奥巴马都认为谦卑是基本的美德。希拉里在竞选中很强势主动，当然，这是出于自信。但林肯那样的领导人正是因为有足够的自信，所以谦卑——不必狂吼，不必支配他人，充分肯定自己的判断，听取相反的意见，不会被吓倒。1861年3月，林肯在他宣誓进入白宫办公室时就表现出了这种珍贵的特质。"林肯在家中写了一份十分有挑战性的入职演说，"哈罗德·霍尔泽(Harold Holzer)说，他是《林肯当选总统》(*Lincoln President-Elect*)的作者，"结束时，林肯看着南方说，'和平还是武力？'他把草案拿给大家看，大家都劝他要缓和情绪，调和这个问题。"之后林肯确实这么做了。同样，奥巴马在格兰特公园的演讲中引用了"我们不是敌人，是朋友……"这是林肯所用过的言辞，他的对手西华德也引用过。

奥巴马依然保持着骄傲。竞选期间，他喜欢独自出现在政治采访中——他是"特别的"，就像奥普拉赞扬的那样——采访中没有他的家人，没有党团中兼任多项工作的人，也没有旁观者。但奥巴马很有自知之明，在他的《无畏的希望》一书中，他写到他更愿意在《时代》杂志上堂皇地写下，"林肯出身贫穷，却最终掌握了语言和法律，他超越个人得失，面对不断的失败，始终保持自信。总之，林肯提醒了我，不仅只有我在挣扎奋斗。"回忆起那个情节，奥巴马可怜地写到他被《华尔街日报》(*The Wall Street Journal*)专栏作家佩姬·努南(Peggy Noonan)责难："这周，素来保持低调的巴拉克·奥巴马在《时代》杂志上大肆宣扬他和亚伯拉罕·林肯很相似，甚至比林肯更胜一筹。"奥巴马认为，"这很伤人！"

作为政治家，奥巴马觉得自己具有某些文学家的独特气质。在伊利诺伊州首府斯普林菲尔德的林肯图书馆，当奥巴马赞扬林肯的贡献时，他开始"有些迷惑"，就像他说的，"在肯塔基州偏远地区出生的穷孩子——林肯，是否梦想过一个总统图书馆会以他的名字来命名；又或者，会有一位'黑人'——奥巴马作为美国参议员来赞扬他的贡献。"作为参议员，奥巴马在他的《无畏的希望》一书中写道，他喜欢在温暖的夜晚沿着林荫路，漫步到林肯纪念馆，参观林肯的卧室，"一个充满谦逊气息的空间里，摆放着古典的家具和4根帐杆的床，葛底斯堡演讲稿原本——被小心地展示在玻璃下，桌子上有一台很大的平面电视机。我在猜想，是谁在夜里动了林肯卧室休闲设施呢？"在白宫与其他参议员进行的早餐会议上，奥巴马说，布什总统有点反对林肯。在处理司法约定问题时，奥巴马写到，"总统的目光定住了；声音有些激动，说话的语速比平时要快，不希望被人打断；他平时的亲切态度被那种救世主般的肯定态度取代了。"

相反，奥巴马赞扬了林肯的"实用主义"，"那种自我意识和谦卑性"。可是，奥巴马明显没有感受到有讽刺的意味，就在书的下一页写了林肯怎样"沦落到所谓的14人团队中的一员"。14人团队是两党联立的参议员团队，试图打破党派在司法约定上的僵局。作为参议员，奥巴马明显表现出他不情愿冒政治风险来解决有争议的事件（和他的总统竞选对手约翰·麦凯恩不同，作为14人团队中的一员，麦凯恩只是例行公事地寻求两党的联合）。

前白宫发言人纽特·金里奇（Newt Gingrich），曾创作过两本关于美国内战的著作。他声称是"林肯的追随者"。在《新闻周刊》的一次访谈中，金里奇提及他对于奥巴马推崇林肯印象深刻，但是对于效法林肯，他拭目以待，"奥巴马大选因主张变革而脱颖而出，但不知他上台后是否真的能够推出实效性的举措。"

"奥巴马的自由投票档案显示，没发生过任何从本质上破坏他领导能力的事件。"金里奇说，奥巴马和他的朋友跨过了这些事件，包括印第安纳州的迪克·卢格（Dick Lugar）参议员和俄克拉何马州（Oklahoma）的汤姆·科伯恩 (Tom Coburn) 参议员。有可能成为国务卿的卢格暗示，他对国务卿的职位并不感兴趣（他在选举后与奥巴马简短进行过秘密谈话）。选举后两个星期，科伯恩的工作人员对《新闻周刊》说，科伯恩没有接到任何来自奥巴马或他的工作人员的信。

金里奇说，最初的关于奥巴马是中间派议员还是自由派议员的测试是基于"认票法案"（card-check bill）的。工会一直想要一个法案来废除无记名投票并允许工党组织依靠工人来签一份要求认票法案的声明。奥巴马说他会支持这个规定，但很明显这个规定会激怒大企业和自由市场推崇者（一位要求匿名，不对抗隶属工会工人的民主党人，建议奥巴马应该让工会自己掌握认票法案——要看清形势，使工会不再苛求保护贸易论者的立法，否则会对经济产生更大的损害）。

奥巴马有把握在民主的舞台上，在"改革论者"（Progressives）的压力下推动这个高价的项目。新总统面临一个基本的选择，前克林顿行政部门的政策顾问威廉·高尔斯顿（William Galston)说："你是想结成了联盟再全力去推动这个项目，还是想说'我们获得了全胜，理所当然能推动任何事情，但是我们不打算为了联盟而那么做'？"高尔斯顿告诫说，不要选择前者："如果你努力寻求解决的办法，那你就可以解除危机。"一个明智的方法是在早期轻松地赢得胜利，并为后来的艰难路程提供动力。奥巴马必须采取大量的改进措施来面对严重的经济衰退。因为立法者喜欢花钱，甚至保守派这次也觉得有必要推动经济的发展，所以大量开销的法案轻易地被国会通过了（困难的是怎样把钱给那些能快速消费的人，让他们明智地花钱——而不要像某些议员为选民所争取的地方建设经费方案那样，花费太多时间和程序以至到经济衰退结束时也不能停止）。

奥巴马早期时采取过一些行动，表现出他不易被党派偏见和其他的肤浅认识所左右。在参议院，民主党的领导阶层威胁到了乔·利伯曼议员国家安全委员会主席的身份，利伯曼是麦凯恩的竞选伙伴。奥巴马与参议院主要领导哈利·里德进行了交谈，说让过去的就过去吧，让利伯曼继续当主席吧，于是里德放弃了之前的决定。

选举后两星期，麦凯恩在华盛顿与奥巴马会面。会谈预定是90分钟，但实际上只进行了40分钟。这两个男人没能紧密地结合起来，但看起来麦凯恩前几个月更想做奥巴马的朋友而不是敌人。麦凯恩的首席顾问对《新闻周刊》的相关人士说，麦凯恩对选举结果"没有表示任何抱怨和愤慨"，他想在参议院扮演交易商和安抚者的角色。"奥巴马可能会面临国际危机、俄罗斯或批评者的各种考验，那时麦凯恩会站起来告诉国民，总统的做法是对的。"麦凯恩的顾问预言道。

奥巴马解释说希望他的行政部门是两党联立的。转换过程是在政府的每个阶层里雇用共和党人，这不仅是象征性的内阁约定。"'政敌团队'已经变成了一种艺术，"一个奥巴马的高级职员说，"这不只是要重塑林肯的主题，我们要向前看，摆脱以前的党派纷争。"这个职员说，奥巴马和他的首席助手们正在避免不要过分宣扬林肯的言辞。他还说奥巴马深信：凭借他的人格魅力，民主党所遵循的原则不会因为共和党人的加入而遭到破坏。"我认为，奥巴马不会看着这个转换过程说，'因为我任命了共和党人，所以我必须折中我的立场'。"他的助手说。

也许吧，但很明显，奥巴马必须采取折中的立场来面对严峻的挑战，这跟对进口石油的依赖一样。比如说，在经济贸易的相关条款中，奥巴马可能会同意在美国海岸开采石油，来限制碳原料的消费。同时，总统也需要处理如医疗和社保等其他补助计划。奥巴马可能会这样做，尽管不能使联邦政府赤字超出预算，负债率上升。

如果奥巴马能使国民恢复对政府的信任，使政府恢复高秩序的工作状态——他会有更多的把握来寻求今后的连任。当然，对于任何策略和时间表，意想不到的事情总有可能会发生，一次外交危机或恐怖袭击都有可能吸尽奥巴马的能量，甚至会改变他的基本方针（想想布什总统在"9·11"后的改变。）

记录历史时，顾问们总喜欢大肆渲染他们的作用。但事实是，美国总统是一份寂寞的工作；；真正起关键性作用的决定都是由总统个人作出的。尽管奥巴马喜欢模仿林肯，或者富兰克林·罗斯福，抑或时间上更近一些的林登·约翰逊。和奥巴马一样，林登·约翰逊会谦逊地询问助手的真实想法。"他会反复询问你。"弗兰西斯·巴特（Francis Bator）——林登·约翰逊的国家安全顾问代理人回忆说。你很难判断出林登·约翰逊正在想什么或是下一步会做什么。一些奥巴马的顾问发现了这位总统当选人也有同样的特质。他难以捉摸，很独立，非常有主见。幸运的是，奥巴马不用面对林登·约翰逊所面临的抉择，林登·约翰逊需要在大社会和越南战争中做出选择，但最终两者都失去了。当然，奥巴马也将面临一些重大的选择，甚至是突如其来的考验。但奥巴马也许不会像林登·约翰逊那么悲惨，不过他同样可能会让大量支持者的希望落空。那时，他将不再是"特别的"，而是和我们一样的普通人。

尽管如此，当第四十四届总统——奥巴马在 2009 年 1 月 20 日面朝西登上讲台，沿着林荫路注视着林肯纪念馆宣誓就职时，我们知道他不会做得很差，因为他会提醒自己：林肯当时会如何做？

奥巴马和国会的民主党成员正面临着带领国家走出困局的挑战。
（照片提供：《新闻周刊》查尔斯·翁曼尼）

附 录

独家专访奥巴马

2008 年 5 月，在从俄勒冈州（Oregon）飞往芝加哥的竞选专机上，我采访了民主党总统候选人巴拉克·奥巴马。我花费了几个月的时间才赢得这次采访的机会，奥巴马及其团队将我为创作此书而需对其进行的专访一直推迟至今。我不想问那些竞选活动中意义不大的日常琐事，而是想谈一些正式的话题：奥巴马是如何决定参选的，他最初是怎么想的；他能打败希拉里·克林顿吗，最初的几个月，他和他的团队是怎样熬过去的。但我要问这些问题的请求被无情地拒绝了。他们总是告诉我："我们正努力赢得提名"。我无可争辩，因为我直接看过奥巴马的竞选日程，从黎明到午夜，时间总是排得满满的。最后，竞选团队终于开恩，接受我的采访。

这其中的原因我想我还是能猜得出来的，就在几天前，随着预选竞争的逐渐减少，希拉里需要发起绝地反攻，才能反败为胜。奥巴马已经以领先将近 15 个百分点的选票拿下了南卡罗来纳，把希拉里逼到了印第安纳，而希拉里在那里只以 1 个百分点险胜奥巴马。"我们现在都知道谁才是民主党的总统候选人了,这是无可非议的。"NBC 的主持人提姆·拉瑟特当晚如是说。

"来吧。"奥巴马的发言人罗伯特·吉布斯站在奥巴马的竞选专机前向我挥手。从这个邀请中我可以看出奥巴马的竞选团队非常乐观。尽管奥巴马已经开始谈论大选,他政治演讲的矛头也从希拉里更多地对准了麦凯恩,但阵营里并没有明显的庆祝迹象,成员们只是像平时一样例行公事地进行着竞选活动。吉布斯陪同我来到奥巴马坐的头等舱,奥巴马正坐在靠窗的位置上读着一份《纽约客》。他抬起头,向我问了好并让我坐下。之前奥巴马的一个好友曾对我说,对于我这种以非传统方式进入新闻界的人奥巴马会非常配合。入座后,我开始介绍一些自己的背景,磕磕巴巴地说了几句,直到奥巴马打断了我:"我有个建议,你不如直接问我问题吧?这样你可以充分利用时间。不必顾虑我,如果我不信任你,是不会叫你到这里来的。"他的一席话让我非常震惊,同时也备受鼓舞。

在此之前,关于奥巴马的采访我已经看过了几十次,他的回答我就算没听过上千次,也至少有几百次了。经过先前的历练,他已经精通了竞选演讲的技巧,对于任何问题都能言简意赅、一语中的。但当我们开始交谈,我很快就发现他此时此刻并没像竞选时那样严阵以待。这一次,面对每次电视辩论总是多角度追踪的摄像机,他没有显现出凌厉的眼神;对着在每个竞选站点捕捉发言或可能让他出丑的麦克风,他看起来比以往更加放松。他谈话很自然,完全不用顾问在旁指导,谈话中他多次停顿陷入沉思,而后详细地回答提问。在竞选的艰难旅程中,奥巴马一直要求他的团队要加倍努力,当我问及他对自己还有什么要求时,他停顿了整整 17 秒才回答我的问题。除了才华横溢、信心十足之外,奥巴马给我留下深刻印象的是他的自知之明,他深知自己的优劣势,机智敏锐。我觉得这次采访非常成功，因为这进一步地让我了解了奥巴马，并让我深信：他——奥巴马极有可能成为下届总统。

——达伦·布里斯科（Daren Briscoe）

（为了使本书内容准确和清楚，一些问题经过了修改，无关的材料已经省去。）

问：回顾你的参选，我很好奇，当你跟朋友和顾问们坐在一起时，你想听到什么呢？你最希望他们说些什么？

奥巴马：哦，首要的问题是我能赢吗？我希望听到一些客观的评价，因为我经常质疑那些围绕我进入美国参议院的大肆宣传。我要确认我们没被那些宣传所迷惑，我只相信我们自己的媒体，所以我想通过检验每个具体的细节条件来确认我们到底能不能赢。我们设想自己的强敌，这其中就包括希拉里·克林顿和约翰·爱德华兹。

第二，我要和米歇尔多多沟通，我们需要从有总统竞选经验的人那儿获得一些反馈，我们要知道这对我们的家庭有什么影响。这是最重要的问题，但只有我们赢得了选举，第二个问题才会开始讨论。如果我觉得我不会赢，那我就不会参加选举了。出于幸运而当4年总统，我对这种事情不感兴趣，因为我目前已经有令自己满意的收入了。如果在总统竞选中失利，那我所失去的将不仅是高额的收入。所以第二个问题是，竞选对我的家庭会有怎样的影响。我的日程安排、工作负荷、竞选节奏，复杂的审查，所有的这些会怎样改变和影响我们的日常生活，我们要怎样保护家庭和我们的女儿？

第三个问题是最值得深思的，也是最后我要问自己的：我应该赢得竞选吗？你能赢并不代表你就是此时国家最需要的人。事实上，我相信自己打的那个比方，我们正处在"转折关头"。回顾过去的那个年代是很难的一件事，那时我们国家曾面临着一系列更为严峻的抉择，如二战，随之而来的后果——大萧条，在此之前的南北战争……

国家要处理的事情很多。所以我认为，只因为我自己的野心或只是时机很好而参选是远远不够的。我想要做一些其他候选人没做过的事，无论是使国家更加团结高效，或使舆论一致，都要重新树立起美国人对政府的信任。这是一系列需要考虑的问题，是任何有责任感的人都要考虑的。我们可以通过投票来测量，"好吧，我们能赢吗？"但你是否是此时国家需要的人是很难辨别的。

问：在与朋友、米歇尔及与你自己的谈话中，你还记得哪件事在你决定的那一刻特别令你印象深刻吗？思想上是怎样从"也许不能"跨越到"也许能"的呢？

奥巴马：嗯，最关键时刻是米歇尔说她乐于参与时。

问：米歇尔最大的顾虑是参选对你们家庭的影响，还是你的安全问题呢？

奥巴马：她考虑最多的还是对家庭的影响。我将时常不在家，而且我们没有了隐私。米歇尔是不会用我的政治成就来定义我们的家庭和她自己的。她更关心的是我要做一个好父亲，给她支持，让孩子们做得更好，所以她想的是竞选给我们的家庭带来的压力和紧迫感是否值得。我认为米歇尔考虑的第二个问题是我能否赢得竞选，她的结论是虽然我不占优势，但我能努力摆脱困境。最后一点是她感觉到虽然不是很确定，但我也许能冲破存在了20年的党派偏见，给政治带来新的繁荣，我们的国家很早以前就需要这种突破了。

问：在米歇尔考虑这些问题、进行自我挣扎的时候，你扮演了什么角色？你给她留了足够的空间吗？她有问你问题吗？

奥巴马：她问了，但她的第一反应是不同意。当时我们刚刚结束了美国参议员的竞选，生活才稳定一点，女儿们也逐渐长大了，米歇尔知道离开她们对我来说有多难。我不在的时候她会感到孤独，所以她的第一反应是我们不参加竞选。我觉得她也感受到了克林顿家族的强大，怕我会遭到很多攻击。她觉得我8年之后声势壮大了再参选会更好，也不会受到太大的攻击。她不想看到自己的丈夫受到伤害。

问：现在你是个很有说服力的人。你当时有尽力说服她吗，还是让她自己思考来寻找答案呢？

奥巴马：我们透彻地谈论了这个问题，这对我来说可不像是扣篮那样轻松。我想她同意我参选的部分原因是她知道在这件事上她有否决权，她和女儿们比我的雄心壮志重要得多，如果她不同意，我也能接受。

问：她是根据哪个原因决定同意的，你记得吗？

奥巴马：不记得了，但我确信她受到了其他人的影响，有人建议她这是我参选的最好时机，比以前的任何时机都要好。

问：你亲近的人中一定会有意见上的分歧吧，有人认为这主意好有人认为不好，你能说说他们的观点吗？你怀疑你朋友们的一些观点吗？

奥巴马：我想每个人都在尽力保持客观。我想大家的想法是一样的中立，这将会是一项令人畏惧的、困难重重的工作，要付出极大的努力，但也许是值得的。所以我认为这是需经过深思熟虑，而不是谁说好或不好的事情，我反复地权衡每个人对于这个问题的意见。我觉得每个人都认为有利有弊，而且大家都认识到我们没有太大优势，我们急需大量的竞选经费。

问：你是怎样看待克林顿家族的呢，他们从哪些因素上影响了你的决定？你说米歇尔担心他们太强大，我猜你也认为他们很难对付吧，但你仍然决定参选，显然你一定下了决心打败他们。

奥巴马：嗯……我觉得克林顿家族总是很受欢迎。就像我在书中所写的那样，比尔·克林顿带领民主党走出荒野，他是很重要的人物。我觉得他就像我们有目共睹的那样，是个睿智、有魄力的政治家。你知道，他和我的观点很相似……这么说吧，我认为他本质上是实用主义者而非理想家，这点我们很像。我很尊敬希拉里，我觉得她很聪明、严格自律，是一位比大家所认为的更加讲求效率的交流者。我的直觉是，即使他们的历史很辉煌，也不能改变我们的国家，他们不能引领我们走出过去的争论。所以……我觉得克林顿团队不会胜出，就像有些人说的那样，很难判断她是否能管理并推动国家向前发展。我认为他们还是会一如既往的强大，因为他们自20年前就开始了政治运作，而且势态良好。

问：既然考虑到这些，你还打算拼一下吗？

奥巴马：你知道，它并不完全是实事求是的科学研究，有时只是一种感觉。我觉得国家正在寻找什么，我们能感觉得到。10月份时我签名售出了我的新书，在书中我描述了这种不寻常的、内在的反思，不止我有这种感觉，这更像是……我成为了一个新的象征。有些地方也许不该这么说，但我觉得人们确实在寻找一些特别的东西。我跟我的团队开玩笑——当然不全是玩笑，我确实是这么想的——国家在寻找巴拉克·奥巴马。

目前，我还不清楚我是不是国家寻找的"奥巴马"，但他们是在找一个这样的人。我们要向一个新的政治阶段迈进，我们要摆脱存在很久的种族分歧，摆脱存在很久的那些意识形态的争论。我们正努力寻找一种实际的、具体的方法来解决我们必须面对的问题，我们必须对美国人民坦诚。我总认为我就是这种思想的载体，虽然我也存在不足，但我有很强的预感，美国人民在这点上与我产生了共鸣。

问：签名售书前就有这种预感了吗？
奥巴马：是的。

问：从某种程度来说，是签售时证实了这一点吗？
奥巴马：我是说，在我竞选美国参议员时就有这种直觉了。

问：我们谈谈你参选后的那个夏天吧，当时你们团队的情绪都有些低落……
奥巴马：让我想想……那之前发生了很多事。首先，我们成功筹到了经费，我记得我们在第一阶段超越了希拉里·克林顿，没有人预料到，尤其是我。所以在某种程度上，这让大家寄予了很大的希望，我想大家都吃了一惊，士气大振，突然觉得自己不是自认的失败者了。当时不知怎么回事，我们就创造了奇迹，而围绕这一话题展开了大肆宣传——这种方式让我觉得很不明智，因为当时我还在探索学习。在我们的集会上同样的事发生了……我发布会后的几个月里，我们都没想到，在7℃的天气里会有1.7万人来参加。看起来前几个月我们进行得很顺利。发布会后，在得克萨斯州的奥斯汀市，我们有2.3万名支持者。

这证实了很多事，证明了我的直觉——国家在寻找一些新鲜的东西，另一方面，这也为我们指明了方向。当时我们正在努力调整我们的组织，我也在努力整理我的演讲。我当时的竞选演说……大家可以看到，很多记者都写道，"他的演说有点缺乏创新。"美国参议员的竞选已经使我的演讲有了改进，我不再将所有想法写进稿子了。我尝试用其他方式来改进我的演讲，很有效。但不同的是，参议员的竞选我可以准备6个月，与我周围的50个或100个人在客厅交谈，不会有摄像机对着我们。但总统竞选时，人们会认为"希望他每次出现都比先前的演讲进步一点。"我只有三、四个星期的时间做准备，我们对此不是很重视，因此放松了警惕。

我记得第一次辩论前有一个服务业国际联合会卫生保健论坛（SEIU healthcare forum），每个候选人要就该点阐述自己的观点。因为刚开始我们团队配合得还不是很默契，虽然我很清楚自己的观点，但由于还没制定卫生保健的具体计划……我们有些放松，我假定我是查理·罗斯（Charlie Rose，美国著名电视节目制作人。——译者注）或其他人，大概地谈了谈，你知道，这时希拉里站了起来，发表了一篇准备充分的演说。然后，爱德华兹带来了他的计划和具体的做法。于是，我们受到了报纸的批评，"看吧，连准备工作都没做到位，毫无经验可谈。"

所以，事情就是这样的，我们成功筹款，有很多支持者，但第一次的表现太糟了，突然间所有希望都落到这了（此时，奥巴马把左手放在了头上）。但我们很冷静，我们通往白宫的路上我们还有一种非百老汇戏剧界的心态。所以我们要迎头赶上，尽管希望过高过早。于是那个夏天我们尽全力为辩论做准备……如果你没参加过总统辩论，无论你是谁，你都会有一点紧张、笨拙、不安……当我被问到恐怖主义时，我没有立即回答我想拧断他们的脖子，不然那些专家会说："看吧，这就是例子（显示了他的笨拙）……"并不是我的回答有错，这样表达会让他们认为我没有处理国际事务的经验，这纯粹是经验问题，我要先要对在恐怖袭击中的受害者表示出关心。因此，在总统竞选中我要快速学习很多东西，并迅速融会贯通。

问：我记得你的书中有提到跟北卡罗来纳州的人打篮球。你出来休息时说，"这些人很强，速度很快。"你要花一些时间来适应比赛的速度，这跟打球有相似吗？

奥巴马：不，有一点儿不同，因为在竞选中我没有时间停下来看其他候选人，然后对自己说，"哦，看看他们都在做什么"……我们还处于训练阶段中，但报纸的观点是，比赛已经开始了。你知道，约翰·爱德华兹已经从事竞选活动两年了，希拉里也为竞选计划了很长时间。他们是拿来与我比较的两个人，我也是比赛中的一分子。所以对于我来说，不是坐在候选席上，"好吧，比赛开始了，他们领先，我们得赶上去。"

问：就像那时你说的"嘿，我们要逐步赶上比赛"。

我不确定是你第一个这样说，还是别人说过的。

奥巴马：哦……我记不准时间了……我是在竞选参议员时明白这一点的，直到上个月我都处在整个竞选排名的第三位。我明白，从事政治活动，6个月或9个月是相当长的一段时间，所以我并不紧张。我保持学习进步的态度，每个人都要保持稳定。不需要很多口号，只是"每天进步一点，保持稳定。"

问：这看起来是新标准，你们组织的决定是要采取……

奥巴马：……我想我们在9月或是10月有了变动。直到那时我的感觉仍是我们在建立组织、筹款、竞争……劳动节后就看出了大的差距，希拉里开始领先20个百分点，25个百分点。报纸也开始陷进这个循环，你知道，每个故事都是以自身为基础向上延伸的："为什么不起作用呢？"人们开始寻找答案，为什么你落后25个百分点呢，这意味着你一定是个不争气的家伙。还有人会试图寻找你做错了什么，然后投资者和支持者开始紧张，并提出建议。再接着，大家开始怀疑自己，我们有了负面情绪，10月可能是我们情绪最低落的时候。

问：是那时筹款人开始抱怨了吗？

奥巴马：是的，那段时间最难熬了。事实上，那时我成长了许多……虽然很迷惑，但我更自信能赢得竞选，因为我们开始了有步骤地筹款，赢得了一场又一场的辩论，在接下来的第四次和第五次辩论中我的表现进步了许多，我感觉自己超越了希拉里，尽管报纸没有那么报道。

我开始觉得跟人沟通舒服多了，要知道以前这并不是我的强项。艾奥瓦州的团队给了我很多自信，原来我们拥有这么强的团队，这么多的优秀人才。而且艾奥瓦州的民意调查差距小于 20 个百分点，我很受鼓舞，开始冷静下来。

在那个阶段，我会见了筹款人，跟他们保证我们会赢得竞选，于是大家冷静了下来。那时我要求我的团队加快脚步……我们已经有所松懈，必须加倍努力。那时，我必须确信努力的方向，我意识到我们要使情况更加明朗、更加清晰。为什么我不能成为比希拉里·克林顿和约翰·爱德华兹更优秀的总统呢？我谈论着我要为国家付出，包括我的计划。

（我们意识到）我必须很仔细地说，"我应该成为总统，因为我可以让国家团结，而不是因为某些特别的利益。我想这对于美国人来说是真诚的，这正是国家需要的。"

问：现在你的团队可以放松一下了。

奥巴马：……对了，这整个过程都始于杰斐逊－杰克逊晚餐，我觉得那是在艾奥瓦州真正的转折点，也是整个局面的转折点。

问：当时你对自己还有什么要求吗？

奥巴马：哦，你知道，我觉得……（此时奥巴马看着窗外，沉默了整整 17 秒种）戴维·阿克塞尔罗德很早以前对我说过一些话，就是在我们决定要参选的会议上，他说，"巴拉克，对于你的竞选，我最担心的是你太正常地赢得竞选。"我觉得他的意思是——你也可以去问他是什么意思——但我认为他的意思是，我不仅仅是（这次他停顿了 12 秒）……我从没想要通过赢得竞选来体现我的价值，我必须证实这个问题。

我生命中有一个时刻曾经想过，可能是因为我没有父亲或者总觉得没有希望——你可以分析我的心理，"为什么他是这么被动的人。"但是我爱我的孩子和妻子，我希望去看电影时不会引起轰动，我希望可以在沙滩上看书……所以，这只是开始……有时我想我让自己处在这种情况下，我会被吞噬，我怕失去前途，失去接触生命中最重要的东西的机会。我不是说我是被勉强做的候选人，很显然这是我的选择，但我思想上总有压力。

问：你是否想过"我将会有很多时间不能跟我的家庭在一起？"这是问题的所在吗？

奥巴马：是，但不仅仅是这样，我喜欢我选择的路，如果不这样我会一直想着它。而且既然选择了，就不要退缩，所以我觉得这是很正常的。

问：我们叉开一点话题。通常来说，政治上竞选的内在规律总是有原因的，你尽全力做的事尤其是进行得很顺利的事是很难改变的。只有发现你使所有人失望包括你自己，你才会想怎样能做得更好，有所改进。但你已经做得很好了，你会认为再提高会很困难吗？对于竞选，你有这种意识吗？

奥巴马：不，我想我对自己要求很苛刻。我们需要更加努力，不止是赢得11月的竞选，我们还要管理国家。我深信习惯决定成败，如果你现在训练不足，将来也会一样。如果我们的组织现在有缺陷，会在我将来的表现中显露出来，所以……为了确保我们赢得提名，我们要重新安排很多事情。

问：可以给我举个例子吗，你在哪些方面可以做得更好？

奥巴马：……我想竞选开始时，大多数时候我想要躲避，尤其是开始的 2 ~ 3 个月，我会想很多事情，因为我不想当被问到政策问题时不知道说什么。我想与卫生保健、能源和教育方面的顶尖人物交谈，找到将来的发展方向，哪些能够从更好的方向引领我们，引领我们的国家。但我并没有做完所有的工作，因为我大部分时间在政治筹款，在艾奥瓦州的 8 个地区举行会议，我没有很多时间做这种系统的政策性工作。我想我们的政策制定团队做得很好，我的加入只是使他们更好，我会问一些更严格的问题，比如说，什么政策能更好地解决我们的能源危机。我们并不知道是否做到了最好……

问：你跟尊敬的赖特牧师谈过吗？
奥巴马：没有。

问：我明白你甚至不愿看有他出现的国家新闻社俱乐部（National Press Club）的录像，你是否介意回忆一下他们交给你的笔录？

奥巴马：……我与赖特牧师和教会的关系……事实是，这变成了一件大事，让我很惊奇。也不全是，但有点儿，首先黑人教会有很多种方式，这有关黑人的自由神学和黑人的价值体系等。持黑人教会传统观点的人有个名字详单，他们布道社会福音，强调对社会的责任。赖特牧师的十之八九的布道都没有引起任何的争论。在芝加哥，他不是唯一一个加入教会的公众人物，但他不像耶西（Jesse）和法拉克汉（Farrakhan）那样吸引大众的眼球。他不是事情的导火索，所有教会部门都是一样的。大多数的黑人教会成员与普通的教会成员没有什么不同。

我第一次得到暗示是发布会那天的问题，已经报道过的。在《滚石》杂志那篇文章里，我的团队给我的稿子有十分煽动的语言，是耶西或法拉克汉写的。事实是，像大多数忙碌的人那样，我并不是每周都去教堂，而赖特每周要布道3次。我从很多我的教会的朋友们那知道，"9·11"后赖特逐渐增加了很多虚夸的言辞，他强烈批评布什，他的布道变得很激烈。所以我……当时……当我看到那页时，我想，"这听起来很不好。"但我关心的不仅是政治分歧，而是怎样使教会避免成为政治问题。因为这点，我告诉赖特牧师说，"你知道吗，也许你不该提到我，你不希望突然有500家媒体的麦克风在你面前，而你却没任何准备和期待吧。"我知道这使他很难过，也有点生气。

问：他表现出来了吗？

奥巴马：我是从其他人那里得知的……乔迪·坎托(Jodi Cantor)在《纽约时报》的一篇文章中描写了我们之间的对话。这使我们的关系更加紧张，因为我特别不喜欢他向外界谈论他与我之间的谈话，而它还突然出现在时报上。但在这件事上我强调的是他现在退休了，我对社区教会有负有重大的责任，过去的几年里他度过了一段艰难的时光，许多亲密的朋友都离开人世了，现在他又要退休了，这就是他的现状，他布道的人生，现在他也即将离去了。所以我的直觉是让他简单地离开大家的视线，不要大肆宣扬。我第一次知道关于"9·11"的引言是在时报的一篇文章中。当时，从某个角度来讲，这对我和我的团队是个大问题。

很快，在艾奥瓦州，我不记得确切的时间了……肖恩·汉尼提 (Sean Hannity) 开始拿这个问题发起攻击，他关于黑人历史、传统、文化、教会的观点都很无知……他想把这个无害的陈述说成是黑人分裂主义，这真是可笑的谬论。出乎我们意料的是他并没有引起多大的轰动。但是，跟你说实话，这是我们一个失败的例子，是我们竞选中的一个败笔。在《纽约时报》的文章发表不久后，我和阵营里很多的伙计，对我们的研究团队说，"让我们拿出赖特牧师的所有布道，因为这可能是个争论点，我可能会因此受到攻击，至少我们应该知道我们要处理的是什么问题。"但我们从没这样做过，所以当巡回开始时我们都很惊讶，被那种论调包围着，真是让人讨厌，我想它让我们都防不胜防。虽然我刚从华盛顿回来，但我必须立即起草一份声明。那晚我必须在电视上出现，给他们一个说法，就在那个周末我写了竞选演讲稿，并将在费城做陈述。那时我不想有政治危害的任何问题出现，另一方面，我觉得肯定一个我认识很久的人是很重要的，一个对我很尊敬很亲切、对我的家庭也很好的人。我认为他是教会团体的中心人物，即使他有缺点，工作却做得很好。我的演讲主要想表达这个意思，这是人们都感到迷惑的问题，人都是好和坏的结合体。

……很多事情我都觉得奇怪（赖特牧师说过的），对于艾滋病我尤为奇怪，这明显是非裔美国人团体的共谋。这是不寻常的，但对于赖特牧师受的教育，我不应该有什么期待。所以我很惊奇。我在费城发表演说后，与赖特进行了交谈。我用确定的口气对他表明了我有多么不同意他的说法，这对我和美国人民是极大的冒犯，我希望他从本质上明白人们为什么会生气。同时，我看到他没有任何行动、没有任何忏悔，并且持续3天进行这种工作，更在全国新闻俱乐部上表现出了对美国人民敏感话题的毫不在意，对我的敏感的熟视无睹，为那种毫无辩论余地的陈述辩护，他从某种程度来说冒犯、嘲笑了观众，这使人很痛苦。

问：你对于自己的社区、党团或组织的根基感到很骄傲，因为没有脱离美国民众的日常经验。我确定你向我们每个人一样了解总统任期，它会把你与我们隔离开来。你想过这一点？你担心吗？

奥巴马：当然，我每时每刻都在担心。米歇尔的家族就是这样，这确实让我有所顾忌。但大多数美国民众，我的朋友——像马蒂·内斯比特、埃里克·惠特克和瓦莱丽·贾勒特，还有我在俄勒冈州刚见过的格雷格·奥玛（Greg Orme)，和我一起旅行的朋友，我高中的同学（现在是承包人）——（事实是）我的大多数好友都不在政界，这使我在与从事政治的人打交道显得有些拘谨，我有些担心。但我最担心的是，我已经改变了我谈话的风格，人们已经不像5年前那样跟我交谈了，甚至是那些与我亲近的人与我渐行渐远。这些才是我总统任期内最具挑战性的问题。

致　谢

《新闻周刊》的总统大选专题报道项目由杂志社最著名的作家彼得·戈德曼(Peter Goldman)于1984年始创。1996年，彼得将此重任交付于我，但他仍然对该专题的新闻进行监督检查，并为这个四年一度、费时耗资的活动投入了全部身心。2007年9月，彼得开始派遣团队进入总统竞选阵营进行随行报道。负责报道民主党阵营的有：达伦·布里斯科、尼克·萨默斯（Nick Summers）和埃莉诺·克利夫特（Eleanor Clift）；负责报道共和党阵营的有：凯蒂·康诺利（Katie Connolly）和迈克尔·黑斯廷斯（Michael Hastings）。按竞选阵营分配完毕（迈克尔于2008年离开了《新闻周刊》），凯蒂成为麦凯恩的通讯记者，达伦负责全程报道奥巴马（正如他一开始的那样），而尼克起初随行的是希拉里，后来转向了奥巴马、拜登以及佩林。身处华盛顿、资料丰富、消息灵通的记者之一——埃莉诺则同时报道了奥巴马和希拉里。

这些记者肩负并完成的任务都超乎想象。文中所述的内容大部分来源于他们的原始报道。当我在8月末从周刊中抽身加入竞选专题的报道团队时，戈德曼和专题编辑亚历克西斯·盖尔佰（Alexis Gelber）始终为我提供了不少建议。我们很高兴能拥有一位足智多谋的研究者——丹尼尔·斯通（Daniel Stone），以及两位才华横溢的图片编辑米歇尔·米洛伊（Michelle Molloy）和伊丽莎白·约翰逊（Elizabeth Johnson）。也向《新闻周刊》中两位作出重大贡献的政治记者——霍莉·贝利（Holly Bailey）和乔纳森·达曼（Jonathan Darman）致以谢意。

非常感谢公共事务出版社的创始者兼总裁彼得·奥斯诺斯（Peter Osnos），是他从一开始便发掘了这本由专题报道演变而来的作品的潜力。感谢才华横溢的版式编辑（version's able editor）——林赛·琼斯（Lindsay Jones）。同时也要感谢公共事务出版社的编辑主任克莱夫·普里德尔（Clive Priddle），总编辑梅利莎·雷蒙德（Melissa Raymond），艺术总监皮特·加叟（Pete Garceau）和发行人苏珊·温伯格（Susan Weinberg）。

我要感谢《新闻周刊》出类拔萃的社长、主编里克·史密斯（Rick Smith），他对这场最为雄心勃勃的新闻报道系统工程矢志不渝，这种信念多年来依靠的是没法兑现的空头支票；感谢《华盛顿邮报》公司董事会主席唐纳德·格雷厄姆（Donald Graham）；感谢这一专题的两位鼎力拥护者、我在《新闻周刊》的亲密伙伴——常务理事安·麦克丹尼尔（Ann McDaniel）和主编乔恩·米查姆。

公共事务出版社是由3位资深顾问创立于1977年的一家出版公司。他们在推行标准、推广价值观和推出新人等方面表现杰出，贡献卓著，是数不胜数的记者、编辑及各色作者、"书人"（book people）当然也包括我在内的良师益友。

I.F. 斯通的所有权人，将企业家的热情、报道技巧与宪法第一修正案的责任感相结合，成为美国历史上最杰出的独立记者之一。伊西（Izzy）于 80 高龄时出版的《苏格拉底的审判》（*The Trial of Socrates*），曾是风靡全美的畅销书。此书于他自学希腊语之后创作而成。

本杰明·C. 布拉德利（Benjamin C. Bradlee）魅力非凡，他任《华盛顿邮报》总编近 30 年。正是本杰明给予邮报空间和勇气来跟踪报道如水门事件这样有重大历史意义的事件。他用顽强不屈的精神支持旗下的记者们，令他们无所畏惧。因此他们中产生了大量具有影响力的作者也绝非巧合。

罗伯特·L. 伯恩斯坦（Robert L. Bernstein），兰登书屋的执行总裁，他掌管兰登书屋（Random House，德国媒体集团贝塔斯曼旗下的一家出版社，总部设在美国纽约市。——译者注）1/4 世纪有余，并使其成为了美国最好的出版公司之一。鲍勃（Bob）对许多存在政治分歧和争议的书亲历亲为，向全球的暴行和专制发起挑战。他也是全世界最受重视的人权组织——人权观察（Human Rights Watch）的创办人之一，并长期担任主席一职。

50 年来，公共事务出版社的旗匾由它的所有者莫里斯·B. 施纳佩尔（Morris B. Schnapper）高捧着，他曾出版过甘地、汤因比、杜鲁门及另外 1 500 名作者的作品。1983 年，施纳佩尔被《华盛顿邮报》称为“一只令人敬畏的牛虻”。他的遗志将会在即将出版的书籍中得以传承。

彼得·奥斯诺斯

发行人

最受欢迎的商业博客之一
站在时代前沿的商业妙想

小就是大

small is the new big

小就是大

154条改变你事业和人生的商业妙想

SETH GODIN

〔美〕赛斯·高汀 著

刘祥亚 译

在书的每一页，你都能找到发人深省的观点和故事，它们足以改变你的工作方式、购买行为及观察世界的角度。

简单梳理一下，你会发现赛斯的这些思想可以分为几个群落：

第一个群落是网络。赛斯对于网络的思考在15年前就已经开始！他在2003年关于网络发展的诸多预言如今正在被一一兑现。

第二个群落是营销。赛斯谈到，营销的本质是一场对话，而传统的广告业却因为在这场对话中的失信而逐渐失语。他相信，未来最有力的营销途径是口碑，而在网络世界里建立口碑的方式将与传统社会截然不同。

第三个群落是未来。赛斯把我们拉上了时光的快车道，用最令人目瞪口呆的方式跟我们分享了他眼中的未来。

第四个群落是中国。这部分无疑会对中国读者具有特殊的意义。赛斯从另外一个角度提出了中国社会当前所面临的机遇。

颠覆传统营销理论
全球最受瞩目的划时代公关营销工具

财富博客

新媒体时代的商业对话策略

naked conversations

how blogs are changing the way businesses talk with customers

罗伯特·斯考伯 著
谢尔·以色列

李宛蓉 译

本书将透过一个个精彩绝伦的故事，告诉你：

★ 邪恶帝国微软为何变得有人性？

★ 苹果电脑隐忧何在？

★ QQ 与 firefox 如何横扫全球？

★ 如何确保你赢得 Google 高排名？

★ 落魄的裁缝如何变身世界顶级时装大师？

★ 科技界人脉王如何在数分钟内搞臭上市公司执行官？

★ 篮球队老板如何影响 NBA 的裁判文化？

秘诀无它 只有博客做得到

本书还将告诉你：经营博客的 10 项基本功与绝对不要犯的致命错误，并且提出我们诚恳的建议：博客的进入门槛极低，利润却很惊人，现在就是加入对话的最佳时机，你还在等什么？

短信查询正版图书及中奖办法

A. 手机短信查询方法（移动收费0.2元／次，联通收费0.3元／次）

1. 手机界面，编辑短信息；
2. 揭开防伪标签，露出标签下20位密码，输入标识物上的20位密码，确认发送；
3. 输入防伪短信息接入号（或：发送至）1066958879（8）08，得到版权信息。

B. 互联网查询方法

1. 揭开防伪标签，露出标签下20位密码；
2. 登陆www.Nb315.com；
3. 进入"查询服务""双码防伪标防伪查询"；
4. 输入20位密码，得到版权信息。

中奖者请将20位密码以及中奖人姓名、身份证号码、电话、收件人地址、邮编，E-mail至：my007@126.com，或传真至0755-25970309

一等奖：168.00人民币现金；
二等奖：图书一册；
三等奖：本公司图书6折优惠邮购资格。
再次谢谢您惠顾本公司产品。本活动解释权归本公司所有。

读者服务信箱

感谢的话

谢谢您购买本书！顺便提醒您如何使用ihappy书系：

◆ 全书先看一遍，对全书的内容留下概念。
◆ 再看第二遍，用寻宝的方式，选择您关心的章节仔细地阅读，将"法宝"谨记于心。
◆ 将书中的方法与您现有的工作、生活作比较，再融合您的经验，理出您最适用的方法。
◆ 新方法的导入使用要有决心，事前做好计划及准备。
◆ 经常查阅本书，并与您的生活工作相结合，自然有机会成为一个"成功者"。